圉 yǔ 마부 어

甲
두 손이 형벌 도구로 얽힌 죄수를 그렸다.
아니면 옥에 이런 형벌 도구가 있는 모습일 수도 있다.

金

報 bào 갚을 보

甲
한 손으로 무릎을 꿇고 앉은 사람이 범죄자를 억누르는 모습인데, 두 손이 형벌 도구에 채워졌다. 범죄자를 이미 체포했다는 사실을 상부에 보고하다는 뜻이다.

金

鼄 zhōu 칠 주

金

3개의 ... 조합되... 상단은 ... 오른... 손으... ...이 그릇... 피가 나도록 범인... 때리고 그 피를 그릇에 받아 담는다는 뜻을 표현했다. 이렇게 받은 피는 신에게 제사를 드리는데 사용했을 것이다.

訊 xùn 물을 신

甲
두 손이 몸 뒤로 묶여 있고 입을 ...고 심문을 ... 뜻이

07　형벌

 敬 jìng 공경할 경

金
몽둥이로 몸 뒤에서 치는 모습이고, 입으로 범죄자를 심문하는 모습이다. 원래는 귀족 중에서 죄를 지은 자에 대해 행하던 경고의 일종이었으나, 이후 '존중하다', '예우하다' 등의 의미로 가차되었다.

臣 chén 신하 신

甲
세로로 선 눈의 모습을 볼 때, 등급이 낮은 관리를 나타냈다. 이들은 머리를 들어야만 높게
金
앉아 있는 관리자를 쳐다 볼 수 있다는 의미에서 범죄자나 낮은 수준의 관리를 지칭하는데 사용했다.

 賢 xián 어질 현

甲
간(臤)은 현(賢)의 원래 글자이다. 노예를 장악할 수 있는 재능이 있으면 대량의 인력을 조직하고 통제하여 어떤 일을 할 수 있다는 의미를 담았다.

 宦 huàn 벼슬 환

甲
한 사람의 눈이 지붕이 있는 옥에 갇힌 모습이다. 범죄를 지은 자가 관리 지위에 있는
金
사람과 협력하여 다른 범죄자를 감시하는 데 도움을 줄 때는 그를 뽑아 말단 관리로 쓸 수 있음을 반영했다.

 嚚 yín 어리석을 은

甲
신(臣)자 주위로 5개의 원이 배치된 모습이다.
篆
아랫사람늘은 종종 소란을 일으켜 대우가 충분치 않다고 불만하고 불평한다. 4개의 입이 시끄러운 소리를 내어 주인을 성가시게 만드는 것과 같다는 뜻에서 '멍청하다', '싸우길 좋아하다'는 의미를 갖는다.

嚻 xiāo 들렐 효

金
혈(頁)자 주위로 4개의 구(口)가 분포한 모습이다. 고문자에서 혈(頁)은 귀쪽의 형상이다. 귀족이 부하를 부를 때에는 종종 어조가 높고 급한 것이 마치 여러 사람들이 떠드는 것과 같다 하여 '떠들어대다', '시끄럽다'의 뜻을 표현했다.

 妾 qiè 첩 첩

甲
무릎을 꿇고 앉은 여성인데 머리에 삼각형으로 된 부호가 있다. 헤어스타일을 표현한 것으로 보이는데, 이로써 지위가 낮은 여성을 나타냈을
金
것이다.

 奴 nu 종 노

甲
한 여성의 옆에 손 하나가 있는 모습인데, 다른 사람의 통제를 받는
金
여성을 말한다.

罰
fa 죄 벌

그물, 칼, 긴 튜브를 가진 나팔의 형상으로 구성되었다. 나팔은 '말'을 뜻하는 기호이고, 칼[刀]은 사람을 해치는 무기이며, 그물은 야생 동물을 잡는 도구이다. 이로써 칼이나 말로 사람을 해치는 것은 모두 잡아 처벌해야 하는 대상임을 반영했다.

民
mín 백성 민

한쪽 눈이 날카로운 바늘에 찔린 모습이다. 바늘에 찔리면 물체를 명확하게 볼 수 없게 되는데, 이것은 범죄자들에 대한 처벌을 말한다. 민(民)은 원래 범죄자들을 지칭했으나 나중에 통제 받는 일반 대중을 지칭하게 되었다.

童
tóng 아이 동

눈이 뾰족한 바늘에 찔려 상해를 입은 자형에다 독음을 나타내는 동(東)자가 더해진 모습이다. 눈을 찌른 대상은 남성 노예였기 때문에 '남자'라는 의미가 생겼다. 이후 의미부 인(人)을 더해 형성구조인 동(僮)을 만들어 아동(兒童)이라는 뜻의 동(童)과 구분했다.

智
yuān 소경 완

눈 하나와 눈을 파내는 도구로 구성되어, 눈을 하나 파내는 형벌을 의미한다. 한 사람이 형벌을 받고 나면 그의 마음에 원한이 생기는 것은 필연적이다. 그래서 '원망'이라는 뜻이 생겼다.

黑
hēi 검을 흑

사람의 머리나 얼굴에 글자를 새겨 넣은 모습이다. 바늘 침을 사용해 얼굴에 무늬를 새겨 넣고 거기에다 검은 물감을 칠하여 범죄자라는 낙인을 영원히 남도록 하였는데, 이것이 소위 묵형(墨刑)이라는 것이다.

宰
zǎi 재상 재

집안에 문신을 새기는 도구가 있는 모습이다. 이는 집안의 누군가가 다른 사람을 처벌할 권한이 있다는 것을 의미하므로, '도살하다', '통괄하다' 등의 뜻이 나왔다.

辠
zuì 허물 죄

문신 새기는 도구와 코로 구성되어, 코 위쪽의 이마에 문신을 새기다는 뜻을 나타낸다. 이러한 형벌은 죄를 지은 사람만이 받는 형벌이었다.

僕
pu 종 복

범죄자가 입는 옷을 입고 머리에는 죄인을 상징하는 문신이 새겨졌고, 대나무 바구니를 양손에 들고 쓰레기를 버리는 모습이다. 비천한 일은 원래 범죄자들이 하던 일이었는데, 나중에 점차 가난한 사람들의 일로 발전했다.

劓
yi 코 벨 의

칼과 이미 잘린 코가 결합된 모양이다. 금문 자형에 의하면 코 아래쪽에 목(木: 나무)이 추가되어 잘린 코가 나무에 매달렸다는 사실을 나타냈으며 이로써 사람들에게 법령을 위반하지 않도록 경고했다.

刖
yuè 벨 월

한 손에 톱과 같은 도구를 들고 사람의 다리 하나를 자르는 모습이다.

縣
xiàn 매달 현

사람의 머리를 밧줄로 묶어 나무에다 '매달아' 놓은 모습으로, 지금의 현(懸)자이다. 성문은 사람들이 가장 많이 오가는 곳이었기에, 거기에다 사람의 머리를 매달면 효수의 효과가 최고였다. 이것이 현(縣)자가 사법적 판결의 가장 작은 단위인 '현'이라는 뜻을 갖게 된 이유일 수도 있다.

赦
shè 용서할 사

한 손에 채찍을 든 사람이 다른 사람을 피가 나도록(대(大)자의 옆에 그려진 작은 점들) 때려 죄를 대신 면제받는 행위로 삼았다.

學 xué 배울 학

갑골문 자형을 보면 여러 가지 요소로 구성되어 있다. 두 손으로 물건을 받는 모습, 집의 모습, 어린이의 형상, 그리고 효(爻)자처럼 생긴 자형 등이다. 효(爻)는 다중으로 매듭지어진 결승을 말하는데, 대자연에서 살던 고대사회에서의 가장 기본 생활 기술의 하나이다.

樊 fán 울 번

두 손을 사용하여 나무 막대 하나하나를 밧줄로 묶어 울타리를 만드는 모습이다. 여기에 등장하는 효(爻)는 매듭처럼 묶은 여러 겹이 교차되게 짠 밧줄의 모습이다.

教 jiāo 본받을 교

효(爻)와 복(攴)의 조합으로 이루어졌고, 여기에다 자(子)가 더해졌다. 강압적으로 남자아이를 가르치는 모습을 표현했는데, 매듭을 묶는 기술을 배우는 것을 의미한다.

誖 bèi 어지러울 패

방패가 하나는 정면의 모습이고 다른 하나는 반대의 모습을 하였다. 이러한 무기는 방어도 가능하지만 공격도 가능하다. 만약 방패가 서로 마주 보는 모습이라면 서로에 피해를 입힐 수 있다. 부대가 혼란하고 당황한 상태에서 서로 충돌하여 자기편을 다치게 한다는 뜻에서 '위배하다'는 의미로 확장되었다.

立 lì 설 립

땅위에 서있는 성인의 모습으로(아래쪽에 있는 가로획은 주로 지면을 나타낸다), '서 있다', '똑바로 서다', '세우다' 등의 의미를 갖는다.

並 bìng 아우를 병

두 개의 입(立)자가 나란히 있는 모양으로, 두 명의 성인이 서로 옆에서 같은 바닥에 서 있는 모습이다. 그리하여 '나란히 서다'는 뜻이 나왔다.

替 tì 쇠퇴할 체

갑골문 자형에서는 한 사람의 서있는 위치가 다른 사람이 서있는 위치보다 약간 낮은 모습을 했다. 마치 줄이 가지런하지 않아 대오가 흐트러진 듯한 모습을 하였다. 이로부터 '폐지하다'는 뜻이 나왔다. 금문에서는 두 사람이 함께 함정에 빠져 입을 벌리고 구해 달라 소리치는 모습을 했다.

鬥 dòu 싸울 투

두 사람이 맨손으로 서로 싸우는 모습이다. 싸움은 효과적인 신체 훈련이며 레슬링과 같은 오락 스포츠로 발전하기도 쉽다.

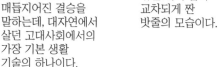

09 정부 관료

王 wáng 왕 왕

높고 위가 좁은 삼각형에 짧은 가로획이 있는 모습인데, 그 다음에 다시 짧은 가로획을 위쪽에 추가했고 아래쪽의 삼각형이 직선으로 변했다. 이 삼각형은 모자의 형상을 나타낸다. 전장에서 아랫사람들에게 쉽게 보일 수 있도록 왕은 높은 모자를 쓰고 전쟁을 지휘했다.

皇 huáng 임금 황

원래의 의미는 깃털로 장식된 아름다운 물품인데, 이후 위대함, 숭고함, 휘황찬란함 등을 설명하는 데 사용된다. 위쪽의 원형은 삼지창이 두드러지게 그려진 왕관이고 깃털로 장식된 모자의 모습이다. 아래 부분의 구조는 삼각형으로 모자의 몸통이다.

令 lìng 하여금 령

무릎을 꿇고 앉은 사람이 삼각형의 모자를 머리에 쓰고 있는 모습이다. 노사를 쓴 사람은 명령을 내릴 수 있는 사람이다. 전투의 편의를 위한 것일 수 있는데, 명령을 내리는 사람이 모자를 쓰고 있으면 군중들 속에서 드러내 쉽게 식별할 수 있다.

美 měi 아름다울 미

사람의 머리에 높게 솟은 곡선의 깃털 또는 이와 유사한 장식물이 달린 모습으로 '아름답다', '좋다' 등의 의미를 표현한다. 머리 장식은 고대 사회 또는 씨족 부족 사회에서 사회적 지위의 중요한 상징이었다.

尹 yǐn 다스릴 윤

甲 한 손에 붓을 든 모습으로, 왕이 자신을 대신하여 관리들을 관리하도록 임명한 관리를 말한다.
金

聿 yù 붓 율

甲 필(筆)의 초기 형태로, 한 손에 털이 많이 달린 붓을 잡은 모습이다. 이로써 글쓰기와 관련된 일들을 표현했고, 이러한 행위를 부각시키기 위해 붓 봉을 갈라진 모습으로 표현했다.
金

書 shū 쓸 서

甲 먹을 담은 그릇 위로 한 손에 털이 많은 붓대를 잡은 모습이다. 붓으로 먹을 적신 후 글씨를 쓸 수 있다는 의미를 반영했다. 서(書)자의 원래 의미는 '필사하다'는 뜻이었는데, 이후 '서책'으로 의미가 확장되었다.
金

君 jūn 임금 군

甲 털이 많은 붓대를 한 손으로 잡은 모습인데, 붓 봉이 하나로 뭉쳐진 모습을 했다. 붓을 들고 글을 쓰는 사람이 명령을 내릴 수 있는 지도자임을 나타냈다.

畫 huà 그림 화

甲 한 손에 붓을 들고 교차되는 십자선 모양을 그리는 모습이다. 밑그림은 자수의 첫 번째 단계로, 의류의 가장자리를 새긴 '치둔(黹屯)'의 도안을 그렸을 것이다.
金

史 shǐ 역사 사

吏 lì 벼슬아치 리

事 shì 일 사

甲 사(史)의 직무는 여러 줄로 되어 있는 글씨 쓰는 나무판[木牘]을 사용해 현장을 기록하는 일이다. 리(吏)와 사(事)는 사(史)에서 분화되어 나온 글자인데, 한 손으로 글씨 쓰는 나무판을 갖다 놓는 모습이다.
金

冊 cè 책 책

甲 끈으로 여러 가닥의 글씨를 쓸 수 있는 대나무 조각편을 묶어 '책'으로 만든 모습이다. 갑골문에 자주 보이는 '작책(作冊)'이라는 관직은 상으로 내릴 내용을 대나무 조각편[竹簡]에다 기록하는 일을 맡았다. 내용을 다 기록한 후 끈으로 엮어 두루마리로 한 권으로 만든 다음 상을 받은 사람들이 그것을 들고 자리에서 퇴장할 수 있도록 했다.
金

典 diǎn 법 전

甲 두 손으로 얇은 끈으로 묶어 만든 책(冊)을 바쳐 든 모습이다. 전(典)자는 중요한 책을 지칭하는데, 상대적으로 무거워 양손으로 받쳐 들고 읽어야 했다.
金

巫 wū 무당 무

甲 두 개의 I자형이 교차한 어떤 기구의 모습인데, 이는 대나무로 만들어졌으며 길이는 약 6치[寸]로 된 산가지이다. 대로 된 이 산가지를 배열하고 이에 따라 길흉을 점쳤다. 이후 이런 점을 치는 '무당'을 지칭하게 되었다.

祝 zhù 빌 축

甲 한 사람이 선조의 신위를 뜻하는 시(示) 앞에 무릎을 꿇은 모습이다. 기도를 위해 입을 벌리거나 두 손을 들어 기도를 하는 모습으로 보인다. 갑골문에서는 '축도(祝禱)'의 의미로 쓰였다. 이후 주술사(무당)와 비슷한 직무를 가진 사람을 지칭하게 되었고, 무(巫)와 결합한 무축(巫祝)이라는 복합어를 만들게 되었다.
金

工 gōng 장인 공

甲 공(工)은 매달려있는 악기이다. 고대에는 음악이 주술의 힘을 가진 것으로 여겨졌으며, 악사는 제전에 참여할 수 있는 소수의 사람에 속해 다른 장인들보다 지위가 높았다. 음악이 점차 오락으로 발전하면서 악사의 지위는 떨어지게 되었고, 백관(百官: 일반 벼슬아치)과 같은 부류에 속하게 되었다. 그래서 백공(百工: 온갖 장인)이라는 말이 나왔다.
金

尹 yǐn 다스릴 윤

甲 金
한 손에 붓을 든 모습으로, 왕이 자신을 대신하여 관리들을 관리하도록 임명한 관리를 말한다.

聿 yù 붓 율

甲 金
필(筆)의 초기 형태로, 한 손에 털이 많이 달린 붓을 잡은 모습이다. 이로써 글쓰기와 관련된 일들을 표현했고, 이러한 행위를 부각시키기 위해 붓 봉을 갈라진 모습으로 표현했다.

書 shū 쓸 서

甲 金
먹을 담은 그릇 위로 한 손에 털이 많은 붓대를 잡은 모습이다. 붓으로 먹을 적신 후 글씨를 쓸 수 있다는 의미를 반영했다. 서(書)자의 원래 의미는 '필사하다'는 뜻이었는데, 이후 '서책'으로 의미가 확장되었다.

君 jūn 임금 군

甲
털이 많은 붓대를 한 손으로 잡은 모습인데, 붓 봉이 하나로 뭉쳐진 모습을 했다. 붓을 들고 글을 쓰는 사람이 명령을 내릴 수 있는 지도자임을 나타냈다.

畫 huà 그림 화

甲 金
한 손에 붓을 들고 교차되는 십자선 모양을 그리는 모습이다. 밑그림은 자수의 첫 번째 단계로, 의류의 가장자리를 따라 새긴 '치둔(黹屯)'의 도안을 그렸을 것이다.

史 shǐ 역사 사
吏 lì 벼슬아치 리
事 shì 일 사

甲 金
사(史)의 직무는 여러 줄로 되어 있는 글씨 쓰는 나무판[木牘]을 사용해 현장을 기록하는 일이다. 리(吏)와 사(事)는 사(史)에서 분화되어 나온 글자인데, 한 손으로 글씨 쓰는 나무판을 갖다 놓는 모습이다.

冊 cè 책 책

甲 金
끈으로 여러 가닥의 글씨를 쓸 수 있는 대나무 조각편을 묶어 '책'으로 만든 모습이다. 갑골문에 자주 보이는 '작책(作冊)'이라는 관직은 상으로 내릴 내용을 대나무 조각편[竹簡]에다 기록하는 일을 맡았다. 내용을 다 기록한 후 끈으로 엮어 두루마리로 한 권으로 만든 다음 상을 받은 사람들이 그것을 들고 자리에서 퇴장할 수 있도록 했다.

典 diǎn 법 전

甲 金
두 손으로 얇은 끈으로 묶어 만든 책(冊)을 바쳐 든 모습이다. 전(典)자는 중요한 책을 지칭하는데, 상대적으로 무거워 양손으로 받쳐 들고 읽어야 했다.

巫 wū 무당 무

甲
두 개의 I자형이 교차한 어떤 기구의 모습인데, 이는 대나무로 만들어졌으며 길이는 약 6치[寸]로 된 산가지이다. 대로 된 이 산가지를 배열하고 이에 따라 길흉을 점쳤다. 이후 이런 점을 치는 '무당'을 지칭하게 되었다.

祝 zhù 빌 축

甲 金
한 사람이 선조의 신위를 뜻하는 시(示) 앞에 무릎을 꿇은 모습이다. 기도를 위해 입을 벌리거나 두 손을 들어 기도를 하는 모습으로 보인다. 갑골문에서는 '축도(祝禱)'의 의미로 쓰였다. 이후 주술사(무당)와 비슷한 직무를 가진 사람을 지칭하게 되었고, 무(巫)와 결합한 무축(巫祝)이라는 복합어를 만들게 되었다.

工 gōng 장인 공

甲 金
공(工)은 매달려있는 악기이다. 고대에는 음악이 주술의 힘을 가진 것으로 여겨졌으며, 악사는 제전에 참여할 수 있는 소수의 사람에 속해 다른 장인들보다 지위가 높았다. 음악이 점차 오락으로 발전하면서 악사의 지위는 떨어지게 되었고, 백관(百官: 일반 벼슬아치)과 같은 부류에 속하게 되었다. 그래서 백공(百工: 온갖 장인)이라는 말이 나왔다.

戌 yuè 도끼 월

甲 손잡이와 둥근 모양의 넓은 날을 가진 무거운 무기를 그렸다. 무거운 무게로써 타격하는데 초점이 맞추어진 무기로, 주로 처형하는데 사용되었으며, 이로부터 점차 권위의 상징으로 발전했다.

金

戚 qī 겨레 척

甲 좁고 긴 평평한 날을 가진 손잡이가 달린 무기를 그렸다. 날 부분의 이중으로 된 고리에 3개의 돌출된 톱니가 나란히 배열된 장식 세트가 달렸는데, 주된 기능이 춤을 출 때 쓰던 소품으로 보인다.

戊 wù 다섯째 천간 무

甲 직선형 손잡이에 수평으로 된 물체가 묶여 있는 모양이다. 하지만 날 부분에 짧은 획이 하나 그려졌는데 이는 앞쪽의 날이 날카롭지 않다는 것을 나타낸다. 무(戊)의 공격 방향은 직접적인 타격만 가능해서 전투용 무기로는 적합하지 않고, 주로 의식에 사용되었다.

戌 xū 개 술

甲 직선형 손잡이를 가진 무기인데, 날 부분이 상당히 넓어 직접 내리쳐 자르는데 사용되며, 공격 표면이 넓기 때문에 무거운 재료로 만들어야 했다. 주로 형벌을 집행하기 위한 무기로도 사용되었으며 사법권의 상징이기도 했다.

金

我 wǒ 나 아

甲 직선형 손잡이를 가진 무기인데, 앞쪽 끝이 세 개로 갈라진 모습을 했다. 이러한 무기는 살상 효과가 더 나빠서 의장용으로만 사용되었다.

金

義 yì 옳을 의

甲 의장용 무기인 아(我)의 손잡이 끝에 깃털과 같은 것으로 장식된 실용적인 무기가 아닌 의장용 도구이다. 금문에서는 장식물이 점차 양(羊)자로 변했다. 그리하여 의족(義足)에서처럼 '인공적'이라는 의미도 생겼다.

金

成 chéng 이룰 성

甲 갑골 복사에서 사용된 의미는 상나라를 세웠던 초대 임금인 성탕(成湯)의 이름으로 사용되었다. 함(咸)자의 자형과 비슷하다. 이후 정(丁)이 의미부이고 술(戌)이 소리부인 형성자로 바뀌었다.

歲 suì 해 세

甲 술(戌)이나 무(戊)와 비슷하게 생긴 무기의 모습이다. 그러나 날 부분의 중간에 점이 두 개 더해졌는데, 이는 날 부분을 더욱 구부려 의장용 무기가 되었음을 말한다. 나중에 보(步)가 더해져 지금의 세(歲)가 되었다. 고대에서는 목성(Jupiter)을 세성(歲星)이라 했는데, 군사 행동의 징조를 나타내주는 별로 간주되었다.

金

咸 xián 다 함

甲 술(戌)과 구(口)의 조합으로 이루어진 표의자인데, 글자 창제의미는 의장대의 잘 훈련된 구성원이 함께 통일되게 외치는 소리에서 왔을 것이며, 이로부터 '모두', '전체'라는 추상적 의미가 나왔다.

金

干 gān 방패 간

甲 맨 끝부분이 적을 공격하고 죽이는 갈라진 모양의 뾰족한 창이고, 중간의 회(回)자 모양은 방패를 상징하며, 아랫부분은 긴 손잡이를 말한다. 이는 방어 장비였는데, 이후 '공격하다'는 의미를 갖게 되었다.

金

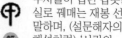

甲 jiǎ 첫째 천간 갑

甲 설문해자에서는 10개의 천간이 머리부터 발끝까지의 사람의 인체부위를 순서대로 대표한다고 했다. 자형으로 볼 때, 갑(甲)자는 직각이 교차하는 십자 모양이다. 무사들이 입던 갑옷을 실로 꿰매는 재봉 선을 말하며, (설문해자의 해설처럼) '사람의 머리'와는 무관한 글자다.

金

篆

胄 zhòu 투구 주

甲 상대방이 머리를 공격하지 못하도록 보호하는 투구를 주(胄)라고 한다. 금문의 자형을 보면, 아래쪽에 머리를 상징하는 눈이 있고, 그 위로 투구와 깃털을 꽂을 수 있는 관이 하나 있다. 부하들이 쉽게 볼 수 있어서 명령을 내려 지휘하기가 편하다.

卒 zu 군사 졸

甲 수많은 작은 조각으로 옷을 꿰맨 모습이다. 서주 왕조 이전에, 졸(卒)은 갑옷을 입은 고위 장교를 말했다. 그러나 갑옷이 일반 사병들의 보편적 장비가 된 이후로 졸(卒)은 일반 군인을 지칭하는 데 사용되었다. 그 이후로 지위는 더욱 낮아져 범죄자를 뜻하게 되었다.

金

介 jiè 끼일 개

甲 수많은 작은 조각편을 꿰매어 만든 신체를 보호하는 장비인 갑옷을 말한다. 갑옷을 입으면 몸 전체를 감싸므로 개(介)자에 '개갑(介甲: 단단한 겉껍데기)'라는 뜻이 있고, 또 '섬개(纖介: 매우 작다)'에서처럼 작은 물체를 의미한다.

戎 róng 되 융

甲 과(戈)와 갑(甲)이 조합된 모습이다. 과(戈)는 적을 공격하는 무기이고, 갑(甲)은 몸에 입는 보호 장구인 갑옷이다. 이 둘이 합쳐져 군사라는 의미를 표현했다.

05 군사력의 양성

中 zhōng 가운데 중

甲 어떤 일정 범위의 중앙에 깃대가 세워진 모습이다. 취락의 우두머리가 마을 주민들에게 무언가를 선포할 일이 있을 때, 색깔과 형상과 개수가 다른 깃발을 내걸어 먼 데 있는 주민들도 그 내용을 이해할 수 있게 했다.

族 zú 겨레 족

甲 바람에 휘날리는 깃대 아래에 한두 개의 화살이 있는 모습이다. 화살은 군대에서 적을 죽이는 데 반드시 갖추어야 할 장비이다. 족(族)은 같은 깃발 아래에 모일 수 있는 작은 단위의 전투 조직을 말한다.

金

旅 lǚ 군사 려

甲 두 사람(여러 명을 나타냄)이 같은 휘장이 그려진 깃발 아래에 모인 모습이다. 소규모 전투 조직을 말하는 족(族)과 대응하여 여(旅)는 1만 명이 모인 대규모 조직을 말한다.

金

游 yóu 헤엄칠 유

甲 갑골문에서는 어린이와 깃발 하나의 조합으로 되었는데, 어린이들이 장난감 깃발을 갖고 노는 모습을 그렸다. 이후 유(斿)는 깃대 위의 깃발이라는 의미로 가차되었다. 바람에 휘날리는 모습이 물결처럼 보이므로 수(水)를 더한 유(游)를 만들었다.

金

06 약탈

孚 fú 미쁠 부

甲 한 손으로 아이의 머리를 잡은 모습으로, 아이를 잡아와 노예로 삼는다는 것을 의미한다. 아이들은 쉽게 세뇌되고 주인에게 충성할 가능성이 더 높다. 그래서 부(孚)에 '성실하다', '신용이 있다' 등의 뜻이 생겼다.

金

妥 tuǒ 온당할 타

甲 한 손으로 한 여성을 누르는 모습이며, 이로써 '강제로 누르다'는 의미를 표현했다.

金

奚 xī 어찌 해

甲 한 선인의 머리가 밧줄로 묶여 있고 손아귀에 잡힌 모습이다. 밧줄을 단단하게 묶으면 범죄자는 숨쉬기가 힘들어지고 저항하기도 어려워진다.

金

執 zhí 잡을 집

甲 범죄지의 두 손이 형구로 채워진 모습이다. 때로는 머리와 손도 형구에 의해 서로 묶인 모습을 하기도 했다. 금문에서는 이미 머리가 형구에 채워진 모습은 없으며, 두 손도 형구에서 벗어난 모습이다.

金

學 xué 배울 학

 갑골문 자형을 보면 여러 가지 요소로 구성되어 있다. 두 손으로 물건을 받는 모습, 집의 모습, 어린이의 형상, 그리고 효(爻)자처럼 생긴 자형 등이다. 효(爻)는 다중으로 매듭지어진 결승을 말하는데, 대자연에서 살던 고대사회에서의 가장 기본 생활 기술의 하나이다.

樊 fán 울 번

두 손을 사용하여 나무 막대 하나하나를 밧줄로 묶어 울타리를 만드는 모습이다. 여기에 등장하는 효(爻)는 매듭처럼 묶은 여러 겹이 교차되게 짠 밧줄의 모습이다.

教 jiāo 본받을 교

효(爻)와 복(攴)의 조합으로 이루어졌고, 여기에다 자(子)가 더해졌다. 강압적으로 남자아이를 가르치는 모습을 표현했는데, 매듭을 묶는 기술을 배우는 것을 의미한다.

詩 bèi 어지러울 패

 방패가 하나는 정면의 모습이고 다른 하나는 반대의 모습을 하였다. 이러한 무기는 방어도 가능하지만 공격도 가능하다. 만약 방패가 서로 마주 보는 모습이라면 서로에 피해를 입힐 수 있다. 부대가 혼란하고 당황한 상태에서 서로 충돌하여 자기편을 다치게 한다는 뜻에서 '위배하다'는 의미로 확장되었다.

立 lì 설 립

땅위에 서있는 성인의 모습으로(아래쪽에 있는 가로획은 주로 지면을 나타낸다), '서 있다', '똑바로 서다', '세우다' 등의 의미를 갖는다.

並 bìng 아우를 병

두 개의 입(立)자가 나란히 있는 모양으로, 두 명의 성인이 서로 옆에서 같은 바닥에 서 있는 모습이다. 그리하여 '나란히 서다'는 뜻이 나왔다.

替 tì 쇠퇴할 체

갑골문 자형에서는 한 사람의 서있는 위치가 다른 사람이 서있는 위치보다 약간 낮은 모습을 했다. 마치 줄이 가지런하지 않아 대오가 흐트러진 듯한 모습을 하였다. 이로부터 '폐지하다'는 뜻이 나왔다. 금문에서는 두 사람이 함께 함정에 빠져 입을 벌리고 구해 달라 소리치는 모습을 했다.

鬥 dòu 싸울 투

두 사람이 맨손으로 서로 싸우는 모습이다. 싸움은 효과적인 신체 훈련이며 레슬링과 같은 오락 스포츠로 발전하기도 쉽다.

09 정부 관료

王 wáng 왕 왕

 높고 위가 좁은 삼각형에 짧은 가로획이 있는 모습인데, 그 다음에 다시 짧은 가로획을 위쪽에 추가했고 아래쪽의 삼각형이 직선으로 변했다. 이 삼각형은 모자의 형상을 나타낸다. 전장에서 아랫사람들에게 쉽게 보일 수 있도록 왕은 높은 모자를 쓰고 전쟁을 지휘했다.

皇 huáng 임금 황

 원래의 의미는 깃털로 장식된 아름다운 물품인데, 이후 위대함, 숭고함, 휘황찬란함 등을 설명하는 데 사용된다. 위쪽의 원형은 삼지창이 두드러지게 그려진 왕관이고 깃털로 장식된 모자의 모습이다. 아래 부분의 구조는 삼각형으로 모자의 몸통이다.

令 lìng 하여금 령

 무릎을 꿇고 앉은 사람이 삼각형의 모자를 머리에 쓰고 있는 모습이다. 모자를 쓴 사람은 명령을 내릴 수 있는 사람이다. 전투의 편의를 위한 것일 수 있는데, 명령을 내리는 사람이 모자를 쓰고 있으면 군중들 속에서 드러내 쉽게 식별할 수 있다.

美 měi 아름다울 미

 사람의 머리에 높게 솟은 곡선의 깃털 또는 이와 유사한 장식물이 달린 모습으로 '아름답다', '좋다' 등의 의미를 표현한다. 머리 장식은 고대 사회 또는 씨족 부족 사회에서 사회적 지위의 중요한 상징이었다.

경성대학교 한국한자연구소
HK+ 한자문명연구사업단 한자총서 04

유래를 품은 한자

02 전쟁과 형벌

About Characters.

문자학자의 인류학 여행기

허진웅 저

이지영 역

도서출판 3

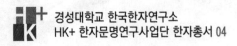

경성대학교 한국한자연구소
HK+ 한자문명연구사업단 한자총서 04

유래를 품은 한자 ❷ 전쟁과 형벌

저자 허진웅((許進雄)
역자 이지영
디자인 김소연
펴낸곳 도서출판3

초판 1쇄 인쇄 2021년 1월 10일
초판 1쇄 발행 2021년 1월 15일

등록번호 제2018-000017호
전화 070-7737-6738
전자우편 3publication@gmail.com

ISBN: 979-11-87746-46-1 (93710)

This work was supported by the Ministry of Education of the Republic of Korea and the National Research Foundation of Korea (NRF-2018S1A6A3A02043693)

유래를 품은 한자
제2권
전쟁과 형벌

허진웅 저
이지영 역

추천의 글

가장 신뢰할 수 있는 한자학 대중 시리즈

황계방(세신대학교 종신명예교수,
국립대만대학교 문과대학 전 학장, 국어일보사 전 회장)

문자의 발명은 인류사에서 중요한 사건입니다. 한자의 창제는 천지를 경동시키고 귀신을 놀라게 할 정도의 충격적인 일이었습니다. "옛날 창힐이 문자를 만들자, 하늘에서는 곡식이 비 오듯 내렸고, 귀신은 밤을 새워 울었다."라는 기록이 『회남자』에 보입니다. 현재 남아 있는 최초의 한자는 거북 딱지나 짐승의 뼈에 칼로 새긴 갑골문(甲骨文)입니다.

갑골문은 고대의 매우 귀중한 문화 유물이지만 19세기 말(1899년)이 되어서야 비로소 발견되었습니다. 1716년에 편찬된 『강희자전』은 갑골문 발굴보다 183년 전에 만들어졌는데, 이미 5만개 이상의 글자를 수록하고 있습니다.

한나라 때의 허신(許愼)이 한자의 창제에 대해 "상형(象形), 지사(指事), 회의(會意), 형성(形聲), 전수(轉注), 가차(假借)"의 6가지 원칙으로 요약한 이후 역대 왕조의 철학자들은 이에 근거해 한자의 형체와 독음 및 의미를 설명하기 위해 열심히 노력해 왔습니다.

그러나 한자의 창제는 관련된 문제는 대단히 복잡해, 허신의 6가지 원칙으로 모두를 포괄하여 설명하기는 어려웠습니다. 그래서 갑골문이 발굴된 이후, 그간 이루어졌던 역대 학자들의 해석에 대해 새롭게 검증이 이루어졌습니다. 물론 재검증과 새로운 해석의 조건을 갖추기 위해서는 갑골문에 대한 특별한 연구 성과가 필요한데, 허진웅(許進雄) 교수는 오늘날 이 방면에서 가장 뛰어난 학자입니다.

허진웅 교수의 한자에 대한 예리한 감각은 무의식중에 우연히 발견되었습니다. 그는 어느 날 한 서점의 서가에 놓여있던 청나라 학자 왕념손(王念孫)의 『광아소증(廣雅疏證)』을 읽고서는 곧바로 흥미를 느끼기 시작했고, 이를 계기로 한자연구의 세계에 들어서게 되었습니다.

1960년 가을, 허진웅 교수는 대만대학의 중문학과에 입학했습니다. 당시 2학년 필수과목이었던 "한자학" 때문에 대부분의 학생들이 골머리를 썩이고 있을 때, 그는 고학년 과목이었던 "고대 문자학"과 대학원에 개설된 "갑골학(甲骨學)" 과목을 청강하고 있을 정도였습니다.

당시 대만대학 중문학과에서 이 영역을 강의했던 교수로, 이효정(李孝定), 김상항(金祥恆), 대군인(戴君仁), 굴만리(屈萬里) 교수 등이 계셨습니다. 모두 당시의 대단한 학자들이셨는데, 그들 모두가 이 특이한 학생에게 특별한 관심을 기울였습니다. 허진웅 교수의 첫 번째 논문이 「은 복사에 나타난 5가지 제사에 대한 연구(殷卜辭中五種祭祀的研究)」였는데, 이는 갑골문자에 근거해 상 왕조의 의례 시스템을 연구한 것입니다. 그는 동작빈(董作賓) 교수와 일본 학자 시마 쿠니오(島邦男)의 이론에 의문을 제기하고 은상 왕조의 왕위 계승에 관한 새로운 계보를 제안하여, 한자학계의 눈을 의심하게 했습니다. 그런 다음 그는 갑골에 남겨진 드릴링 패턴인 찬조(鑽鑿) 형태를 충분히 분석하여 『갑골문의 찬조 형태 연구(甲骨上鑽鑿型態的研究)』를 완성했습니다. 이는 갑골문자 형성의 기초에 대한 직접적인 논의로, 오늘날 갑골 학계에서 그 학술성을 완전히 인정받았습니다. 또한 중국 안양박물관의 갑골문 전시 센터에서 선정한 지난 1백 년 동안 갑골학에 기여한 25명 중 한 명의 학자에 포함되었습니다.

허진웅 교수는 1968년 굴만리(屈萬里) 교수의 추천을 받아, 캐나다 토론토에 있는 왕립 온타리오 박물관(Royal Ontario Museum)의 극동부 연구원으로 근무했으며, 거기에 소장되어 있던 상나라 갑골의 정리 책임자로 일했습니다. 그의 뛰어난 성과로 인해 그는 곧 연구조교, 조교 연구원 및 준 연구원을 거쳐 연구원으로 승진했습니다. 박물관에서 20년 동안 일하면서 그는 중국 문화유적의 수집 및 전시 활동에도 직접 참여했기 때문에 고대 중국 문물을 직접 접촉할 수 있는 풍부한 실전 경험을 가질 수 있었습니다. 이러한 경력은 그로 하여금 중국문자학과 중국 고대사회 연구에 큰 장점을 발휘하게 하였으며, 한자학과 고대사회연구를 서로 보완하여 더욱 훌륭한 효과를 발휘하게 하였습니다.

고대한자에 관해 이야기 할 때, 고대사회와 고대 문화유적에 대한 연구에 뿌리가 없어서는 아니 됩니다. 허진웅 교수는 고대한자에 대한 정확한 분석, 고대한자의 원시의미와 그것의 변화에 대한 해석 등에서 방대한 증거와 논증을 동원하여, 근거를 가진 매우 창의적인 해석을 해왔습니다. 한번은 허진웅 교수가 이렇게 설명한 적이 있습니다. "대문구(大汶口)에서 출토된 상아로 만든 빗을 소개할 때였는데, 갑골문의 희(姬)자를 들어서 헤어액세서리와 귀족의 신분의 관계에 대해 이야기했었습니다. 또 동주 왕조의 연꽃 꽃잎 모양의 뚜껑이 달린 청동 호리병에 대해 이야기하면서 뚜껑의 술 거르는 필터가 특수하게 설계되었음을 말했습니다. 또 금(金)나라의 채색 목조각 관세음보살상을 소개하면서 관세음보살의 전실과 신앙을 소개했습니다."

그는 또 미(微)자를 설명하면서 갑골문, 양주 시대의 금문, 진나라 때의 소전으로부터 현대의 해서에 이르기까지의 자형 변화에 근거하고, 게다가 "미(微)는 자세히 보다, 몰래 가다는 뜻이다(眇也, 隱行也)"라는 『설문해자』의 해설에 담긴 의미를 다시 해석하여, 사람들의 의표를 찌르는 전혀 예상치 못한 해설을 제시했습니다. 즉 "미(微)는 맹인이나 힘이 약한 노인을 살해하던 고대의 장례 관습을 반영했으며", 이런 장례 관습은 근세에 이르기까지도 일본에 여전히 존재했다고 했습니다. 유명한 '아마축제(楢山節考)'는 이러한 관습을 탐구한 일본 영화입니다. 허진웅 교수의 이러한 여러 가지 설명은 갑골문과 고대사회사 연구에서 그의 독창성과 정교한 견해를 잘 보여준다 하겠습니다. 그의 책을 읽은 후, 독자들은 감탄을 하지 않으려 해도 감탄할 수밖에 없을 것입니다.

　허진웅 교수는 대학에서의 수업은 물론 각종 웹 사이트에 연재한 기사 모두 매우 큰 인기를 끌었습니다. 그의 친구인 양혜남(楊惠南) 교수가 인터넷에서 "은허검객(殷墟劍客, Yinxu Swordsman)"이라는 필명으로 "은허서권(殷墟書卷, Yinxu Book Scroll)"이라는 블로그를 개설하도록 독려했으며, 네티즌의 요구 사항에 따라 133개 한자의 원래 아이디어와 자형 간의 의미를 설명하기도 했습니다. 이러한 글은 섭렵된 내용이 광범위할 뿐 아니라 또 재미있고 말랑말랑하게 쓴 글이어서 독자들의 큰 반향을 얻었습니다.

　"유래를 품은 한자" 시리즈는 허진웅 교수의 가장 특별한 책입니다. 그 이유의 하나는 이 총서가 체계성을 가지고 디자인되어 있으며, 동물, 전쟁 및 형벌, 일상생활, 기물 제작, 인생과 신앙 편 등으로 나뉘어져 있어 독자들이 주제별로, 또 체계적으로 고대한자와 고대사회의 삶의 관계를 이해할 수 있다는 점입니다. 두 번째는 이 책이 국내에서는 중국의 철학, 인류학 및 사회학 연구를 융합한 최초의 한자학 대중 독물이라는 점입니다. 세 번째는 허진웅 교수가 국내외의 존경받는 한자학자로, 자신의 키보다 더 높은 많은 논문과 저술을 가진 전문학자이지만, 상아탑의 강의실을 벗어나 독자들에게로 갈 수 있도록, 간략하면서도 흥미롭게 기술하였다는 점입니다. 이 시리즈는 엄격한 학문적 연구와 텍스트 연구를 통한 결과이며, 우아함과 통속이라는 두 가지 토끼를 모두 잡을 수 있도록 하고 있습니다. 그래서 한자에 대한 흥미로운 측면을 다시 인식하게 만들 것이라 믿습니다.

아울러 허진웅 교수의 학문 성취와 업적들은 모든 독자들에게 신뢰받을 것이라 확신합니다.

추천의 글

수많은 이야기를 담은 한자,
『유래를 품은 한자』에서 그 이야기들을 가장 깊고 넓게 풀어내다!

하대안(何大安)
(대만중앙연구원 원사, 언어학연구소 전 소장)

저는 『유래를 품은 한자』를 읽은 소감을 두 문장으로 요약하고자 합니다. 첫 번째 문장은 '한자는 수많은 이야기를 담고 있다.'입니다.

이렇게 말할 수 있는 이유가 뭘까요? 한자의 특색에서 그 대답을 찾을 수 있을 것입니다. 혹자는 문자가 그림문자에서 표의문자로 발전하며, 다시 표의문자에서 표음문자로 발전한다고 주장합니다. 이렇게 '그림에서 시작하여 음성으로 끝난다.'라는 견해는 일부 표음문자의 발전과정이라 해석할 수 있는데, 그것은 말을 음성으로 내뱉는 것에서 그 근원을 두고 있습니다. 그러나 이 문자에 내재된 정보이 질과 양으로 따지자면, 이러한 문자는 '소리'와 그 '소리'로 인해 우연히 생기는 연상 외에는 아무 것도 없습니다. 문자는 극도로 발전하면 절대적인 부호가 되어, 어떠한 문화도 담지 않은 깨끗한 상태와 순수 이성의 기호체계가 됩니다. 이러한 문자에는 문화가 축적된 모든 흔적이 없어졌고, 문명의 창조에서 가장 귀중한 정수인 인문성도 사라졌습니다. 이는 옥을 포장하기 위해 만든 나무상자만 사고 그 속의 옥은 돌려준다는 매독환주(買櫝還珠)와 다를 바 없어, 매우 안타까운 일이 아닐 수 없습니다.

다행스럽게도 한자는 이러한 인문성을 가지고 있으면서, 수천 년 동안 끊임없이 성장하고 발전해왔습니다. 이렇게 '성장하는 인문정신'은 한자의 가장 큰 특징에 그 근원을 두고 있습니다. 이 특징은 독자들이 예상 못한 것일 수 있습니다. 바로 '사각형 속의 한자'입니다.

한자는 네모난 글자입니다. 지금으로부터 4~5천 년 전 반파(半坡), 유만(柳灣), 대문구(大汶口) 등 유적지에서 발견된 한자의 최초 형태라고 인정된 부호들을 보아도 이미 가로세로에 순서가 있으며 크기도 거의 비슷한 '네모난 글자'였습니다. '네모'났기 때문에 이들과 다른 그림문자, 예를 들면 고대 이집트 문자와는 처음부터 전혀 다른 발전 경로를 걷게 되었습니다. 이집트 문자는 '한 장의 그림으로 된' 표현들입니다. '한 장'에서 하나의 그림을 구성하는 각각의 구성성분들은 명확하게 독립된 지위가 없으며, 단순한 부속품으로 존재할 뿐입니다. 한자의 '사각형'은 원시 그림의 구성성분들을 추상화시켜 독립하여 나온 것입니다. 하나의 네모난 글자는 독립된 개념을 나타내며, 서술의 기본 단위가 됩니다. 고대 이집트 문자의 구성성분에서 최종적으로 '단어'가 된 것은 매우 드물며, 대부분 의미가 없는 음표 기호가 되었습니다. 한자에서 각각의 네모는 모두 독립된 '단어'가 되었으며, 자기만의 생명력과 역사성을 지닙니다. 그러므로 '사각형'은 '그림'을 추상화시킨 결과입니다. '구상'에서 '추상'으로, '형상적 사유'에서 '개념적 사유'로의 발전은 문명을 더욱 높은 경지까지 끌어올리는 것이며, 인문정신을 널리 펼치는 것입니다.

그래서 한자의 숫자는 가장 기본적인 개념의 숫자와 동일합니다. 이것이 '한자에 이야기가 많다.'고 말한 첫 번째 이유입니다. 한자의 전승은 수천 년 동안 가차와 파생을 거쳐 다양한 개념과 의미, 사용 과정에서의 변화를 만들어냈습니다. 그리하여 각각의 글자에 모두 자신만의 변천사를 가지고 있습니다. 이것이 '한자에 이야기가 많다.'고 말한 두 번째 이유입니다.

세 번째 '많음'은 누가 말한 이야기인지와 관련 있습니다. 조설근(曹雪芹)이 말한 『홍루몽(紅樓夢)』에는 이야기가 많습니다. 포송령(蒲松齡)이 말한 『요재지이(聊齋志异)』에도 이야기가 많습니다. 한자는 문화의 역사를 반영하고 있습니다. 성곽이나 도읍과 관련된 것들은 고고학자가 말할 수 있고, 종이나 솥이나 제기와 관련된 것들은 대장장이가 말할 수 있으며, 새와 들짐승과 벌레와 물고기와 관련된 것들은 생물학자가 말할 수 있으며, 생로병사와 점복과 제사와 예악과 교화와 관련된 것들은 의사나 민속학자나 철학자들이 말할 수 있습니다. 그러나 수많은 한자를 모아 하나의 체계를 완성하고 정밀함을 다하며, 한자에 담긴 수많은 이야기들을 풀어낼 수 있는 사람은 누구일까요? 제가 읽었던 비슷한 작품 중에서 『유래를 품은 한자』의 저자인 허진웅 교수만이 그렇게 할 수 있을 것입니다. 그러므로 제가 말하고 싶은 두 번째 문장은 다음과 같습니다. '『유래를 품은 한자』에서 옛 이야기들을 가장 깊고 넓게 풀어내고 있다.'고 말입니다.

추천의 글

이 책은 한자문화의 유전자은행이다.

임세인(林世仁)
(아동문학작가)

십여 년 전, 제가 갑골문의 탄생에 흥미를 가졌을 때, 세 권의 책이 저를 가장 놀라게 하였습니다. 출판 순서에 따라 나열하면, 허진웅 교수의『중국고대사회(中國古代社會)』, 세실리아 링퀴비스트(Cecilia Lindqvist)의『한자왕국(漢字王國)』(대만에서는『한자 이야기[漢字的故事]』로 이름을 바꿨다. 한국어 번역본, 김하림.하영삼 옮김, 청년사, 2002), 당낙(唐諾)의『문자 이야기[文字的故事]』입니다. 이 세 권의 책은 각각 고유한 방향을 제시하고 있습니다. 즉『중국고대사회』는 갑골문과 인류학을 결합시켜 '한자그룹'을 통해 고대 사회의 문화적 양상을 구성해내었습니다.『한자왕국』은 갑골문과 이미지를 결합시키고 사진과 영상과의 대비를 통해 한자의 창의성에 감탄하게 만들었습니다.『문자 이야기』는 갑골문과 에세이를 결합시켜 한자학을 문학적 감각으로 물늘여 놓았습니다.

십여 년 동안, 중국과 대만에서는 『설문해자』의 각종 신판본이 쏟아져 나왔습니다. 그러나 사실 이들은 옛 내용을 새롭게 편집한 것이거나 『한자 왕국』이 개척한 길 위에 몰려있는 것이 대부분입니다. 『문자 이야기』의 경우, 장대춘(張大春)의 『몇 글자를 알아보자[認得幾個字]』 등과 같은 몇몇 아류작들이 있지만, 『중국고대사회』는 아직까지 이와 비슷한 저작이 나온 적이 없습니다. 어째서일까요? 이 책은 문자학의 범주에서 벗어나 인류학과 고고학을 결합시키고 여기에다 문헌과 기물과 고고학 자료들로 보충하여, 이미 일반인들이 쉽게 따라할 수 있는 수준이 아니었기 때문입니다.

이번에 허진웅 교수는 관점을 새로이 바꿔, 직접 한자 자체를 주인 공으로 한 『유래를 품은 한자』 시리즈를 통해 독자와 다시 만납니다. 일곱 권이 한 세트로 된 이번 시리즈는 '한 권이 하나의 주제'로 되어 있으며, 독자를 '각 글자들이 담고 있는 세계'로 데려다 주어 옛 사람들 이 글자를 만든 지혜를 보고 한자 뒤에 숨겨진 문화의 빛을 보게 합니다.

옛 사람들은 글자를 만들면서 그 글자에 대한 설명을 남기지 않았 기 때문에, 후대 사람들은 글자를 보고 각자의 능력에 따라 그 어원을 되짚을 수밖에 없었습니다. 허진웅 교수의 장점은 일찍이 박물관에 재 직하면서 갑골을 직접 정리하고 탁본한 경험을 가지고 있다는 점입니다. 이로 인해, 그는 고서를 통해서 옛것을 고증하는 일반 문자학자의 훈고 학 틀을 벗어날 수 있었습니다. 또한 그는 박물관에서 넓힌 시야를 통 해, 신중하게 증거를 찾는 능력과 대담하게 가정하는 용기를 갖게 되었 습니다. 이 부분이 제가 가장 존경하는 부분입니다.

예를 들어, 그는 갑골을 불로 지지기 위해 판 홈인 찬조 형태를 가 지고 복사의 시기를 알아내었고, 갑골문과 쟁기의 재질을 통해 상나라 때 이미 소로 밭을 가는 우경이 이루어졌음을 밝혀내었습니다. 또 기후의 변화로 인해 코끼리나 코뿔소나 해태와 같은 동물들이 중국에서 자취를 감추게 된 원인도 해석하였습니다. 거(去, 🔼)자를 '대변을 보는 것'에서 영감을 얻어 만들었다고 해석한 것은 사람들의 눈을 번쩍 뜨이게 하는 부분입니다. 그래서 이 시리즈는 진부한 말들을 나열한 것이 아니라 '허진 웅 교수만의 특색'이 담긴 책인 것입니다.

한자학을 모른다 해도, 갑골문을 보면 흥미가 일어납니다. 사람이 성장하듯 한자도 성장합니다. 성장한 한자는 어릴 때와는 많이 다릅니다. 예를 들어, 위(爲)자는 원래 사람이 코끼리의 코를 끌고 있는 모습(🐘)으로, '하다'라는 뜻을 가지고 있습니다(나무를 옮기러 가야 했을 것입니다). 축(畜: 가축)자는 의외로 동물의 창자와 위의 모습(🧬)인데, 우리가 평소에 먹는 내장은 모두 가축으로 기른 동물에서 나온 것이기 때문에 이런 뜻을 갖게 되었습니다. 금문에서 함(函, 🔵)자는 밀봉한 주머니에 화살을 거꾸로 넣은 모습이기에, 이로써 '포함하다'라는 의미가 생겼습니다. 이러한 것들은 사람들에게 '한자의 어린 시절을 보는'듯하여 놀랍고도 기쁜 마음과 큰 깨달음을 안겨 줍니다.

이 시리즈에 수록된 모든 한자들에는 갑골문이나 금문의 자형들이 나열되어 있어, 마치 한자의 그림판을 보는 것 같습니다. 예를 들어 록(鹿)자는 한 무리가 줄지어 서 있는 모습인데 보기만 해도 정말 귀엽습니다. 또 어떤 글자는 해서체는 익숙하지 않다 해도, 갑골문이 상당히 흥미로운 경우가 있습니다. 바로 공(龔)자가 그렇습니다. 이 글자는 거의 아는 사람이 없을 것입니다. 그런데 이 글자의 금문 자형을 보면 '두 손으로 용을 받쳐 들고 있는 모습'으로 신비롭고 환상적이기까지 합니다. 이러한 글자들이 많기 때문에, 이들의 갑골문을 보는 것만으로도 독특한 경험이 될 것입니다.

저도 최근 몇 년 동안 흥미로운 한자들을 정리하여 어린 독자들에게 소개하기 시작했습니다. 언제나 제 책상머리에 있는 책이 바로 허진웅 교수의 책이었습니다. 비록 어떤 뜻풀이에 관한 지식이 저에게는 '흰 것은 종이요, 검은 것은 글자'처럼 어렵기도 하지만, 글자를 만드는 창의성과 그 속에 내포된 문화를 보는 재미를 방해하진 못했습니다.

한자는 중국문화의 유전자로, 『유래를 품은 한자』 시리즈는 대중을 향한 유전자은행이라고 할 만합니다. 일찍이 진인각(陳寅恪) 선생께서는 "글자 하나를 해석하는 것은 한 편의 문화사를 쓰는 것이다."라고 하였는데, 이 시리즈가 바로 이 말의 발현이자 예시라고 하겠습니다.

추천의 글

재미있고 실용적인 언어 및 서예 보조 교재

서효육(徐孝育)
(세신대학 중문과 강사, 원로 서예가)

　　서예와 독해 및 작문 교육을 보급하는 일을 해 온 20여 년 동안, 아동과 청소년 및 성인을 대상으로 한 서예 수업을 설계할 때, 서첩 교재 외에 깊이 있는 내용을 쉽게 설명하고, 대중적이며, 가르치기도 혼자 공부하기도 좋은 고문자 교재가 가장 필요했지만 늘 찾아 헤매도 찾을 수가 없었습니다.

　　제가 세신대학교 박사과정에 진학해서 허진웅 교수님의 갑골문 특강, 고문자 특강, 중국 고대 사회 등의 과목을 들었을 때, 이 과목들은 저뿐만 아니라 서예를 가르치는 일에도 큰 도움이 되었습니다. 초중고 교사와 사회의 대중은 이런 흥미롭고 실용적인 문화 지식을 접할 방법이 없음이 안타까울 따름이었습니다. 그러던 중, 올해 체계직이고 또 재미있는 대중 문자 총서인 허 교수의 최신 역작, 『유래를 품은 한자』가 기대 속에 마침내 세상에 나오게 되었습니다.

저는 이 책을 읽고 마치 큰 보물을 얻은 것 같아, 즉시 『유래를 품은 한자』의 동물 편을 우선 제가 개설한 어문학반의 교재로 사용했습니다. 동시에 보육원의 읽기쓰기 수업에도 사용해 초등학생에서 고등학생까지의 어린이들이 그 속에서 진지하면서도 재미있는 고문자 지식을 배울 수 있도록 하였습니다. 또한 서예 수업에서도 사용하여, 학생들이 문자 속에 문화가 있고, 문화 속에 이야기가 있고, 글자마다 모두 유래가 있는 글자학습 커리큘럼을 통해 고문자의 배경 지식을 흡수하고 서예에 더 흥미를 갖도록 하였습니다.

아이들은 고문자를 배울 때, 한편으론 글자를 쓰고, 또 한편으로는 입으로 중얼거립니다. "'위(爲)'는 손으로 코끼리의 코를 잡고 있는 모습이구나. '포(虣)'는 한 손에 창인 과(戈)를 들고 호랑이와 사투를 벌이는 것이네." 라고 말입니다. 좀 더 큰 아이는 콘텐츠로 자신만의 마인드맵을 그릴 수도 있습니다.

고문자전공이 아닌 서예와 읽기쓰기 교육자에게 이 책은 수업 준비를 할 때 쉽게 접근할 수 있기도 하지만 대형 강의에 더욱 적합하도록 디지털화 교재로 편집할 수도 있습니다. 가장 중요한 것은 교재의 전문성인데 이에 대해서는 걱정할 필요 없이 안심하고 사용할 수 있습니다. 잘못된 교재를 쓰거나 잘못된 글자를 가르칠까 걱정하지 않아도 된다는 말씀입니다. 혹시 학생이 더 높은 수준의 아이나 성인이라도 교재의 확장성을 고민할 필요가 없습니다. 왜냐하면 수업을 준비할 때, 허진웅 교수의 관련된 학술 저서와 대학교재와 같이 더 전문적인 자료를 보충 교재로 더해 교재의 내용을 더욱 깊고 넓게 할 수 있기 때문입니다. 이 책은 매우 실용적인 어문학 및 서법 보충 교재일 뿐만 아니라, 극히 전문적이지만 평이하고 읽기 쉬워서, 무엇보다 더 훌륭하다 생각합니다.

서문

한자의 변화에는 관찰할 수 있는 흔적이 숨어 있다.
한자의 융통성과 공시성(共時性)

허진웅(許進雄)

캐나다의 온타리오 왕립 박물관에서 은퇴한 후 대만으로 다시 돌아와 대학의 중국학과에서 강의를 했는데 사실은 이미 은퇴한 상태였습니다. 원래는 먹고 노는 재밋거리로 시작하였기에 아무런 스트레스도 없었습니다. 그런데 필자의 친구인 황계방(黃啟方) 교수가 뜻하지도 않게 필자를 『청춘공화국』이라는 잡지에 추천하여 한자에 담긴 창의적 생각을 매월 한 편씩의 글로 쓰게 하였는데, 바로 청소년들을 대상으로 한 것이었습니다. 원래는 이 일이 매우 간단하고 쉬운 일일 줄로 알았습니다. 그러나 몇 편의 글이 나가자 생각지도 않았는데 풍(馮) 회장께서 같은 성격의 대중적인 한자학 총서를 저술하여 고대한자와 관련 사회적 배경을 범주별로 소개하자고 제안했습니다.

필자는 일찍이 『중국고대사회』(한국어 번역판, 홍희 역, 동문선, 1991)를 출판한 적이 있는데, 이 또한 한자를 관련 주제와 범주로 나누어 고대 중국사회의 몇몇 현상에 대해 토론하고, 관련 고대 인물을 소개하였기에, 이를 바탕으로 새로운 자료를 추가하고 재결합한다면 기대에 대체로 부응할 수 있을 것이라고 생각했습니다. 그래서 선뜻 동의해버렸습니다. 지금 그 첫 번째 책이 완성되었으므로, 이 기회를 빌려 '한자가 갖고 있는 융통성과 공시성'을 이 책을 읽기 위한 지침으로 활용하고자 합니다.

중국은 아주 이른 시기부터 문자를 가지고 있었는데, 처음에는 대나무 찌와 같은 죽간(竹簡)을 일반적인 서사 도구로 사용했습니다. 그러나 죽간은 오랜 세월 동안 땅속에서 보존되기가 쉽지 않기에 발견될 때 이미 부식되고 썩어버렸습니다. 그래서 지금 볼 수 있는 것들은 거북이 껍질 또는 짐승의 견갑골(어깻죽지 뼈)에 새겨진 갑골문이나 일부 주조된 청동기에 새겨진 명문들과 같이 모두가 잘 썩지 않는 재료들입니다. 갑골문자가 절대 다수를 차지하기 때문에 모두 갑골문이라는 이름으로 상 왕조의 문자를 통칭합니다. 상 왕조의 갑골문의 중요성은 하나는 그 시기가 이르다는 것이고, 또 수량이 많아서 한자의 창의성을 탐구하는데 없어서는 안 될 재료라는데 있습니다. 이와 동시에, 그것들은 상 왕실의 점복 기록으로, 상나라 왕 개인은 물론이고 나라를 다스리면서 마주했던 여러 가지 문제를 포함하고 있기에, 상나라 최고 정치 결정과 관련된 진귀한 제1차 사료입니다.

상 왕조의 갑골문에서 한자의 자형 구조는 그림의 단순성, 필획의 수 또는 구성성분의 배치에 국한되지 않고 의미의 표현에 중점을 두었습니다. 그래서 자형의 변이체가 다양하게 존재합니다. 예컨대, 물고기를 잡는다는 뜻의 어(魚)자를 갑골문에서는 ❶(물속에서 물고기가 헤엄치는 모습), ❷(낚싯줄로 물고기를 낚는 모습), ❸(그물로 물고기를 잡는 모습) 등 창의적 모습으로 다양하게 표현되고 있습니다.

또 다른 예로는, 출산을 뜻하는 육(毓)(=育)자의 경우, 갑골문에서 두 가지 다른 독창적 인 구조가 보입니다. 하나는 임산부가 피를 흘리는 아기를 낳는 모습이고❹, 다른 하나는 아기가 이미 자궁 밖으로 나온 모습입니다. 앞의 자형의 경우, 어머니는 머리에 뼈로 만든 비녀를 꽂았는지 그러지 않았는지의 차이가 있습니다. 심지어 대대적으로 생략하여 여성이 남성처럼 보이는 모습으로 되기도 했으며, 심한 경우에는 아이를 낳는 여성을 아예 생략해 버린 경우도 있고, 또 어떤 경우에는 한 손으로 옷을 잡고서 신생아를 감싸는 모습이 그려지기도 했습니다.

게다가 아기가 자궁 밖으로 미끄러지는 자형의 경우, 두 가지의 위치 변화가 존재합니다. 설사 육(毓)(=育)자의 자형에 많은 변화가 있었지만 육(毓)(=育)자가 표현한 창의성을 이해한다면 이 이체자들에 대한 이해도 가능합니다.

갑골문은 절대 다수가 칼로 새긴 것이기 때문에, 필획이 칼의 작동에 영향을 받아서 둥근 필획은 종종 네모나 다각형의 모양으로 새겨집니다. 이 때문에 청동기의 명문이 그림에 가까운 것만큼 흥미롭지는 않습니다. 예컨대, 어(魚)자의 경우, 초기 금문의 자형이 갑골문보다 훨씬 사실적입니다 ❺. 상 왕조 시대의 갑골문자는 2백여 년 동안의 상나라 왕실의 점복 기록입니다. 그래서 사용 환경과 장소가 제한적이며 전용 기관도 존재했습니다. 그 때문에 각 시대의 서체 스타일 특성은 비교적 쉽게 이해할 수 있습니다. 그리고 시기 구분에 대한 엄격한 표준도 이미 마련되었기에 각각의 갑골 편에 대한 시대를 결정하는 것은 어렵지 않습니다. 이러한 점은 한자의 변화 추이와 제도 및 관습의 진화 등과 같은 다양한 문제의 탐구에 매우 편리하고 유익합니다.

모든 민족의 언어는 줄곧 천천히 변화해 왔습니다. 알파벳 체계를 사용하는 문자의 경우 종종 언어의 변화를 반영하기 위해 철자법을 변경하는 바람에 고대부터 현대에 이르기까지 언어의 여러 단계가 전혀 관계없는 완전히 다른 언어처럼 보이게 되었습니다. 발음의 변화는 개별 어휘에 반영 될 뿐만 아니라 때때로 문법 구조를 변화시키기 때문에, 같은 언어 체계의 여러 방언이 의사소통을 할 수 없을 정도로 완전히 다른 경우도 있습니다. 그래서 특별한 훈련 없이는 100년 이전의 문자도 전혀 이해할 수가 없습니다. 그러나 중국의 한자는 설사 글자와 어휘의 발음과 외형이 크게 바뀌었지만 수천 년 전의 문서라 하더라도 그것을 읽는 것은 어렵지 않는데, 이것이 한자의 큰 특징 중의 하나입니다. 이러한 특징은 고대 중국 문화 탐색에 관심 있는 사람들에게 큰 편의를 제공해 줍니다.

서구 사회가 알파벳의 길을 택한 것에는 응당 그 언어의 본질에 영향을 받았을 것입니다. 서구 언어는 다음절 시스템에 속하여 몇 가지 간단한 음절을 조합하여 다양한 의미의 어휘를 쉽게 만들 수 있습니다. 음절이 많고 가능한 조합이 다양하기 때문에 여러 음절을 사용하여 오해 없이 정확한 의미를 표현할 수 있습니다. 이것이 서구어의 장점이자 편리한 점입니다. 그러나 중국어는 단음절에 치중되어 있어 말할 수 있는 음절이 제한되어 있습니다. 만약 많은 단음절 음표 기호로써 의미를 표현할 경우 의미 혼동의 문제에 직면하기 때문에, 오늘날 같이 알파벳의 길을 걷지 않고 의미 표현 형태로 발전할 수밖에 없었습니다.

한자는 의미를 표현하기 위해 음성 기호를 사용하지 않기 때문에 문자 모양의 변화는 언어의 진화와 직접적으로 관련이 없습니다. 예를 들어, 대(大)자를 진(秦)나라 이전 시대에는 /dar/로, 당송 왕조에서는 /dai/로 읽었으며, 오늘날의 표준어에서는 /da/로 읽습니다. 또 목(木)자의 경우, 진(秦) 이전 시대에는 /mewk/으로 읽었고, 당송 왕조 시기에는 /muk/처럼 읽혔고, 오늘날에는 /mu/로 읽힙니다.

글자 형태의 경우, 옛날을 뜻하는 석(昔)자의 경우, 갑골문에서는 ❻ 과 같이 표현했는데, 홍수를 걱정거리로 생각하던 시절이 이미 '지난날' 의 일이 되었다는 의미입니다. 상나라 후기에 이르면 홍수를 제어하는 기술이 향상되어 홍수가 더 이상 주요 재난이 아니게 되었으므로, 석(昔)이 과거의 시간대를 표현하는 데 사용되었던 것입니다.

주나라 때의 금문(金文)의 경우에도 자형에 ❼처럼 다양한 이미지가 표현되고 있습니다. 진(秦) 왕조에서 한자는 통일되었고, 소전(小篆)이라 는 고정된 자형이 등장했습니다. 한 왕조 이후에는 더욱 진일보하게 필 세를 바꾸어 예서(隸書)와 해서(楷書) 등이 등장하여 지금의 석(昔)자가 되었습니다.

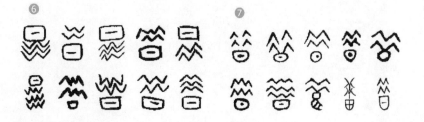

수천 년 동안 한자는 그림과 같은 상형 문자에서 지금처럼의 매우 추상적인 구조로 진화했지만, 자형의 진화는 추적 가능하고 약간의 훈련만으로도 인식할 수가 있습니다. 융통성과 동기화(공시성)는 한자의 가장 큰 특징입니다. 개별 한자에는 수천 년에 걸친 글자 형태에 대한 모든 종류의 변화가 포함되어 있을 뿐만 아니라, 수천 년 동안 각기 다른 시대와 다른 지역에서 존재했던 다양한 독음 정보도 내포되어 있습니다. 약간의 연구만으로, 우리는 상 왕조 이래로 3천년 이상 이어진 문헌을 읽어 낼 수 있을 뿐만 아니라, 당(唐)나라에서 단어가 그것들이 어떻게 발음되었던 지에 관계없이 그들이 쓴 시를 이해할 수 있습니다.

마찬가지로, 다른 지역의 방언은 서로 대화할 수 없었지만, 그 시대의 문자 이미지는 일치했었기 때문에 글을 써서 서로 소통할 수 있었습니다. 중국의 영토가 그렇게 넓고, 지역도 종종 큰 산과 강으로 격리되어 있으며, 인종도 매우 복잡하지만, 공감하고 식별 가능한 그룹으로 통합될 수 있었는데, 이러한 특별한 언어적 특성이 그것의 중요한 요소임에 분명합니다. 한자는 겉보기에는 매우 복잡하고 배우기 쉽지 않은 것으로 보이지만 실제로는 한자를 만들 때 비슷한 방식으로 유추할 수 있는 규칙이 존재하며 일관된 논리를 가지고 있으므로 억지로 외울 필요가 없습니다. 특히 한자의 구조는 끊임없이 변화하고 있으며 필획은 우아하고 아름다우며 스타일은 독특하기 때문에, 알파벳 필기 시스템의 문화와 비교할 수없는 높은 수준의 독특한 서예 예술을 형성하기도 했습니다.

세계의 오래된 고대 문명에 존재하는 표의문자는 그 시대의 사회적 모습을 이해할 수 있게 해줍니다. 이러한 문자들은 회화성이 매우 강하기 때문에 당시에 존재했던 동물과 식물뿐만 아니라 사용된 도구에 대해서도 정보를 제공해줄 뿐 아니라, 종종 문자를 만들 당시의 구상과 이를 통해 의미를 표현하고자 했던 사물의 정보를 엿볼 수 있게 해 줍니다. 한 글자의 진화 과정을 추적할 때 때로는 고대 기물의 사용 정황, 풍속과 관습, 중요한 사회 시스템, 가치 개념과 공예의 진화 등과 같은 여러 가지 흔적을 살펴볼 수 있습니다. 서구의 초기 문자에서는 음절로 언어를 표현하는데 편중되었기 때문에 이미지로 표현한 글자가 매우 적습니다. 이 때문에 고대 사회의 동태를 탐구하는 데 사용할 수 있는 자료가 거의 없습니다. 그러나 중국의 경우 언어의 주체가 단음절이므로 동음어 간의 혼동을 피하기 위해 이미지를 통해 추상적인 개념을 표현했고, 생활의 경험과 연관성을 사용하여 문자를 만드는 데 최선을 다했습니다. 이 때문에 한 글자의 창의성을 이해하기만 하면 글자 창조 당시의 사회적 배경과 삶의 경험을 어느 정도까지는 이해할 수 있습니다.

제1부

원시 무기

경쟁은 생존을 위한 수단이다. 생존에 필요한 물자를 구하기 위해 서로가 대립하게 됐을 때, 자신을 보호하려면 각종 수단을 동원하여 상대방을 제압할 수밖에 없다. 그 중 전쟁은 상대를 제압하고 분쟁을 해결하는 효과적인 방법이다. 인간과 동물의 세계에서 공격적인 방법으로 상대를 굴복시키거나 살해하는 것은 매우 일상적인 일이며, 심지어는 상대방을 멸망시키기도 한다.

전쟁은 잔혹하지만 인류 문명 발전에 없어서는 안 될 주요 동력이다. 전쟁은 보다 효과적인 무기를 필요로 하기 때문에, 제작 기술을 발전시켜 도구가 좋아져서 생산량을 높일 수 있다. 또한, 약자들은 강자에게 대항하기 위하여 함께 연합하고, 전쟁의 규모도 점차 확대되었다.

전투성과를 높이기 위해서는 좋은 조직이 있어야 하고 능력 있는 사람이 이를 이끌어야 한다. 이러한 과정은 국가 제도의 성립을 촉진시켰다. 모든 문명국가는 끊임없는 전쟁 속에서 성장했다. 전설 속 화하 (華夏)의 시조인 황제(黃帝)는 52차례의 전쟁을 치른 후에야 황하 유역의 크고 작은 부족을 통일하였다.

원시사회의 도구는 대부분 취식과 직접적인 관계가 있다. 당시 도구와 무기는 단지 사용하는 대상이 다를 뿐, 모양이 뚜렷하게 구별되는 것은 아니었다. 초기에 사람과 짐승들이 생존을 다투던 시대에는 무게가 무겁고 날카로워 살상 가능한 것은 모두 무기가 될 수 있었다. 따로 전용무기를 만드는 경우는 매우 드물었다.

인류가 처음으로 만난 위협적인 적은 사나운 짐승이었다. 비록 짐승이 날카로운 발톱과 강건한 몸을 가지기는 했지만, 인류는 무기로 짐승을 공격하고 자신을 방어하여 오랜 싸움에서 마침내 승리자가 되었다.

001

아비 부

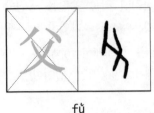

fù

갑골문에서 부(父)자❶는 손에 돌도끼를 든 모습이다. 부(父)자의 금문 자형❷은 도끼를 훨씬 더 명확하게 묘사하여, 한쪽은 뾰족하고 한쪽은 둥글다. 둥근 쪽은 자루 부분으로, 물건을 두드리는 데 쓰인다. 뾰족한 부분은 도끼머리이며, 칼날로 재료를 잘라내는데 사용한다.

돌도끼는 고대에 흔히 사용되었던 도구로, 나무를 베거나 김을 매는 등 중요한 일에 사용하였다. 청동기 초기까지도 돌도끼는 남자들에게 주요한 도구였다. 상나라에서는 이 글자가 아버지 항렬의 친족 호칭으로 사용되었다. 그래서 어떤 사람들은 돌도끼가 '남성' 또는 '아버지'를 나타낸다고 생각했다. 그러나 사실 '아버지'라는 호칭은 단순히 신석기 시대의 남녀 간 분업에서 나온 것에 불과했을 가능성이 있다.

모계 씨족 사회는 아이의 아버지를 알 수 없어 어머니가 양육의 책임을 지고 자녀의 노동성과를 효율적으로 관리한다. 당시는 재산 상속권도 여성에게 있어서 남성을 특별히 귀하게 여기지 않았다. 즉, 돌도끼는 권위의 상징이 아니었다. 아이들은 어머니의 여러 반려자나 형제를 '부(父)'라고 불렀지만, 그들이 노동력의 구성원이었기 때문이지 특별히 친밀하거나 경외한다는 의미는 아니었다.

소전에서는 돌도끼 부분의 길이가 짧아져서 본래 표현하고자 했던 모습을 알아볼 수 없게 되었다. 그래서 『설문해자』에서는 "부(乀)는 가장으로 인솔하고 가르치는 자이다. 손[又]에 막대기를 든 모습으로 구성되었다. (乀, 家長率教者. 从又舉杖)"라고 해석하여 손에 자녀를 훈육하는 막대기를 든 모습이라고 보았다. 소전을 갑골문과 금문의 자형과 대조해보면 바로 『설문해자』의 해석이 잘못되었음을 알 수 있다.

▌간돌 도끼
길이 14.9센티미터,
청련강(青蓮崗) 유형,
기원전 약 3300~기원전
약 2500년. 구멍은 나무
자루를 묶기 위한 것으로
휘두르는 힘을
증가시키고 손바닥에의
반발력을 감소시킬 수
있다.

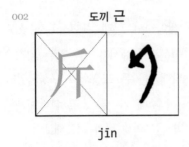

002
도끼 근

jīn

손으로 드는 돌도끼를 나무자루에 묶으면, 휘두르는 힘과 범위가 증가해 살상력이 더욱 커진다. 또한 반발력도 감소해 손바닥 부상을 피할 수 있어서 한손으로 사용하는 손도끼보다 크게 발전하였다고 할 수 있다.

갑골문의 근(斤)자인 ㄱ, ㄱ은, 다음 쪽의 그림과 같이 나무자루인 ㄱ 위에 돌, 구리, 철 등을 줄로 동여매어 만든 벌목 도구를 표현하였다. 근(斤) 자는 두 손으로 온 힘을 다해 나무를 자르거나, 구덩이를 파거나, 경작지를 뒤집는 등에 사용할 수 있는, 고대에 가장 흔하고 유용한 도구였다. 이 도구의 손잡이는 대개 나무의 가장귀 부분으로 만든다. 앞부분의 날 부분은 초기엔 돌을 때려서 만들었다. 후대에는 갈아서 만들어 타격 효과가 더욱 좋아졌으며 손바닥도 쉽게 다치지 않았다. 더욱 예리한 구리, 철 등의 재료를 사용하기 시작하면서 도끼도 구리와 철로 만들었다. 후대에, 근(斤)자는 돌자귀와 나무자루를 분리해 표현하였다. 금문의 ㅱ, ㅏ과 소전의 ㄱ은 진정한 돌도끼의 모습이라고 하기 어렵다.

『설문해자』에서는 "근(ㄱ)은 나무를 베는 도끼의 모습이다. 상형이다. 근(斤)으로 구성된 글자는 모두 근(斤)을 의미부로 삼는다.(ㄱ, 斫木斧也. 象形. 凡斤之屬皆从斤.)"라고 하였다. 상형이라고 한 것은 맞지만, 어느 부분이 도끼머리의 날이고, 어느 부분이 손잡이인지는 설명하지 않았다.

근(斤)자의 나무자루 앞부분에 묶여 있는 돌자귀는 대략적인 표준 중량이 있었기에 이를 이용하여 한 근의 무게를 표현하기도 하였다. 그러나 무게가 완전히 일정하지는 않았다. 실제로 각 나라에서 사용하는 근의 중량도 일치하지 않았다. 진(秦)나라 때 이르러서야 '한 치짜리 정육면체의 황금 무게를 한 근으로 한다.'라는 기준을 세웠다. 이때부터 한 근의 정확한 무게를 비교적 쉽게 파악할 수 있게 되었다.

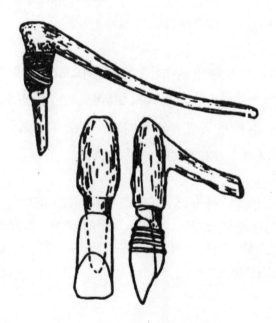

▎신석기시대에 자주 사용되던 벌목 도구

003 군사 병

兵

bing

갑골문의 병(兵)자❶는 양손으로 나무 손잡이가 달린 돌도끼를 들고 있는 모습이다. 나무자루를 묶은 돌도끼인 근(斤)자는 나무를 벌목하는 육중한 도구로, 두 손으로 휘둘러 쓴다.

금문의 병(兵)자❷를 다시 보면, 근(斤)자 부분이 생략되어 원래 모양과 다르게 변화하였다. 소전은 여기서 더 많이 변화했다.

『설문해자』에서는 "병(兵)은 무기이다. 두 손[廾]으로 근(斤)을 든 모습인데, 힘을 모으는 형상이다. 은 병(兵)의 고문체로, 인(人), 공(廾), 간(干)으로 구성되었다. 은 병(兵)의 주문체이다.(兵, 械也. 从廾持斤, 并力之貌. 古文兵从人·廾·干. 籀文兵.)"라고 하였다.

여기서는 근(斤)자가 어떤 모양인지 분석하진 않았지만 이 글자가 두 손으로 근(斤)을 들고 있다고 한 점은 정확하다. 허신은 또한 '힘을 모으는 모습(并力之貌)'이라고 하여, 두 손을 사용하는 것을 두 손의 힘을 모으는 것으로 설명하였다.

❶   ❷

돌도끼인 근(斤)은 원래 농기구로, 사람과 싸우기에 이상적인 무기는 아니다. 이 글자가 만들어질 때에는 일반적으로 일상도구를 무기로 사용했기 때문에, 일상도구를 나타내는 글자들이 무기의 의미를 가지기도 한다. 상나라 이전의 사람들도 도구를 무기로 사용했지만, 이후에도 농민들이 가혹한 정치를 펼치는 정부에 저항할 때 적당한 무기를 찾지 못하면 무기 대신 농기구를 사용하기도 했다. 병(兵)자는 원래 '무기'라는 뜻이었지만 후에 의미가 확장되어 '무기를 사용하는 병사를 가리킬 때도 사용되었다.

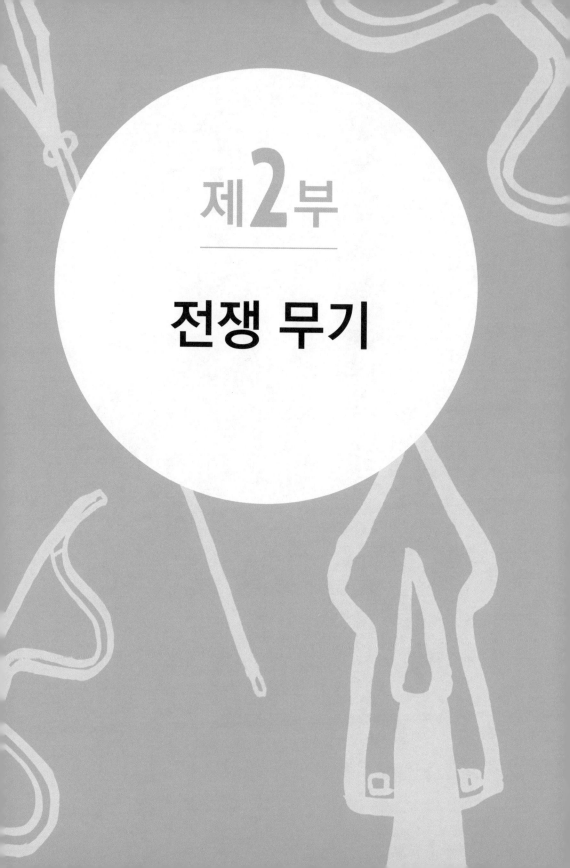

제2부

전쟁 무기

인간과 짐승이 싸우던 시대에는 이들의 지능 차이가 현저해서 인간이 굳이 좋은 무기를 만들지 않아도 짐승을 이길 수 있었다. 그러나 인간과 인간이 서로 싸우는 시대가 되자 우수한 무기와 전략 없이는 지능과 체력 모두 강한 상대를 이기기 쉽지 않았다. 그래서 전쟁의 규모가 커짐에 따라, 무기의 모양은 더욱 날카로워졌고 재료도 돌에서 청동으로, 청동에서 강철로 변했으며, 무기의 형태도 끊임없이 개량되었고, 전투기술 역시 더욱 정교해졌다.

004
창 과

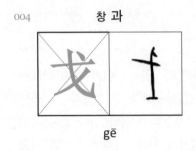

gē

갑골문에서 과(戈)자❶는 40쪽의 그림과 같이 나무자루에 뾰족하고 긴 날을 장착한 무기 모양이다. 청동으로 만든 과(戈)는 양손으로 휘두르는 힘을 이용하여 예리한 칼날로 적의 머리를 내리치거나 연약한 목을 베어서 적을 죽이는데 쓰였다.

과(戈)의 모양이 농기구인 낫에서 왔을 수도 있지만, 청동으로 만든 과(戈)는 인류의 약점을 겨냥한 새로운 무기라고 할 수 있다. 이것은 전쟁 규모의 확대와 나라의 부흥을 의미한다.

청동으로 만든 짧은 과(戈)는 길이가 대략 80여 센티미터에서 1미터 정도로 한 손에 들고 사용할 수 있다. 남아 있는 수량은 비교적 적은 편이다. 청동으로 만든 긴 과(戈)는 두 손으로 잡고 사용하는데 길이가 사람 키 정도이다. 전차 위에서 사용하는 것은 길이가 3미터가 넘는다. 진(秦)나라 병마용 갱에서 나온 과(戈)는 나무 자루의 길이가 최대 382센티미터였다.

❶

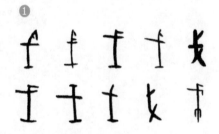

청동으로 만든 과(戈)는 신체의 약점인 목을 겨냥해 설계된 신무기이다. 일반적으로 동물의 키는 사람보다 작다. 그래서 청동으로 만든 과(戈)로 동물을 공격하는 것은 그다지 효과적이지 않다. 그러므로 청동으로 만든 과(戈)는 사람을 대상으로 만들어졌다고 할 수 있으며, 전쟁 규모 확대와 나라의 부흥을 의미하게 되었다. 이 때문에 과(戈)가 들어있는 글자들은 모두 전쟁과 관련 있다.

살상력을 강화하기 위해 무기는 끊임없이 개량되었다. 초기의 과(戈)는 아래쪽의 예리한 칼날로 적의 목을 베거나 긋는데 쓰였다. 후에 과(戈)의 날 부분이 자루의 한 쪽까지 길어져 수염[胡]이 되었고, 날 부분의 길이와 공격 각도도 늘어나 적이 머리를 보호하기 위해 쓴 투구를 피해 목과 어깨를 공격할 수 있게 되었다. 동시에 청동으로 만든 과(戈)를 자루에 더욱 견고하게 묶을 수 있도록 과(戈)의 수염 위에 밧줄을 통과시킬 구멍을 만들어 묶기 편하게 만들었다. 또한 나무 자루를 타원형으로 만들어 손으로 잡기 편하게 하였다.

▎길이 21.8센티미터, 폭 6.8센티미터, 상나라 말기, 기원전 13세기~기원전 11세기

▎길이 22.8센티미터, 폭 9.4센티미터, 서주(西周) 시기, 기원전 11세기~기원전 9세기

▎길이 30.4센티미터, 폭 12.2센티미터, 전국 시대, 기원전 5세기~기원전 3세기

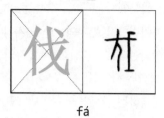

칠 벌

fá

갑골문에서 벌(伐)자❶는 과(戈)로 사람의 목을 베는 모습이다. 주나라 시기의 금문에서는 ❷처럼 과(戈)자의 자루 부분이 구부러졌지만, 사람의 목을 베는 모습은 여전히 남아 있다. 그러나 진(秦)나라의 소전에는 사람 부분이 무기 부분과 분리되었다.

『설문해자』에서는 "벌(伐)은 때린다는 뜻이다. 사람이 과(戈)를 들고 있는 모습으로 구성되었다. 패배한다는 뜻이라고도 한다. 또한 베는 것이기도 하다.(伐, 擊也. 从人持戈. 一曰敗也. 亦斫卓也.)"라고 하여, 글자의 유래에 대한 요점을 파악하지 못했다. 이 글자는 어떤 특정한 사람의 목을 베는 것이지 목표 없이 난도질하는 것이 아니다.

❶ ❷

지킬 수

戌

shù

갑골문에서 수(戌)자❶는 벌(伐)자처럼 인(人)자와 과(戈)자가 결합되었다. 그러나 벌(伐)자의 과(戈)가 사람의 목 부분을 통과해 공격하는 부위를 나타낸다면, 수(戌)자의 사람은 과(戈)의 아래쪽에 있어 사람이 어깨에 과(戈)를 들고 있음을 나타내고 있다. 이는 영토를 지키는 모습을 강조하는 것으로 '변경을 지킨다'는 의미를 가진다.

❶

경계할 계

戒

jiè

갑골문에서 계(戒)자❶는 양손으로 과(戈)를 쥐고 경계하며 전쟁에 대비하는 모습을 나타낸다. 평소에는 과(戈)를 한 손에 들 수 있지만 적을 공격할 때에는 두 손을 사용해야 힘이 충분히 들어간다. 그래서 두 손으로 과(戈)를 잡는 것은 전쟁을 준비하는 모습을 나타내며 '경계한다'는 의미가 있다.

이 글자는 두 손을 과(戈)의 양 끝과 구분되게 써야하지만 후대에는 두 손이 점점 아래로 이동했다. 『설문해자』에서 "계(𢦓)는 경계한다는 뜻이다. 공(廾)과 과(戈)로 구성되었다. 과(戈)를 들고 예상치 못한 비상상황을 경계하는 모습이다.(𢦓, 警也. 从廾戈. 持戈以戒不虞)"라고 하여, 양손이 과(戈)의 아래쪽으로 내려갔지만 '과(戈)를 들고 경계한다'는 원래 의미는 파악하고 있다. 후에 자형을 정사각형으로 만들면서 두 손을 모두 과(戈)의 왼쪽[戒]로 옮겨 과(戈)를 들고 경계하는 원래 모습은 사라졌다.

❶

찰진 흙 시

戠　기

chì

갑골문에서 시(戠)자는 과(戈)자에 삼각형이 더해진 기 모양이다. 나중에 삼각형 아래에 ❶과 같이 장식부호인 구(口)가 더해졌다. 이것은 문자 변화 중 흔히 나타나는 모습이다.

　　이 글자는 과(戈)로 어떤 물건을 내리 찍어 삼각형 표시를 남기는 것에서 의미가 유래되었다. 이것은 식별 기호로 사용되었기 때문에, '식별', '판별' 등으로 의미가 확대되었다.

　　고대에 행군이나 전투하며 숲으로 들어가야 할 때, 숲에는 길이 없으므로 청동으로 만든 과(戈)로 나무를 찍어 삼각형의 표식을 남겨 나중에 이를 보고 숲을 빠져나갔다. 이런 일은 군인들에게 흔히 있는 일이어서 '기호'나 '식별' 등 일반적인 의미로 파생되었다. 금문 자형❷은 여기서 크게 바뀌어 삼각형 아래에 대칭인 두 가지 점이 더해졌다. 나중에는 구(口)가 더해져 음(音)자가 되었다. 그래서 『설문해자』는 의미도 정확히 밝히지 못하고 "시(戠)는 어떤 뜻인지 알 수 없어 비워둔다. 과(戈)가 의미부이고, 음(音)이 소리부이다.(戠, 闕, 从戈·从音.)"라고 하였다.

❶　　　　　　　　　❷

상나라 때에는 일식(日食)과 월식(月食), 그리고 일시(日蝕)와 월시(月蝕)의 기록이 있다. 일식(日食)과 월식(月食)은 식(食)자를 사용해서 해와 달이 일부 먹혀들어갔다는 것을 나타낸다. 다른 천문 현상으로 해와 달의 시(蝕)가 있다. 여기서 시(蝕)는 본래 의미인 '부식'이라는 뜻으로 사용되어, 해와 달의 표면에 반점이 생기거나 그림자가 생기는 것을 나타내었을 가능성이 크다. 오늘날 측정기로 관찰해보면, 태양 표면에 온도가 주위보다 많이 낮은 흑점을 발견할 수 있다. 점의 크기는 규칙적으로 변하며, 주기는 약 11년이다. 흑점이 커질수록 자기장이 강해져 지구의 통신전파와 기후에 영향을 준다.

태양 광선은 매우 강렬하여 태양을 직접 보면 실명될 수 있다. 중국인들은 한나라 때부터 흑점 현상을 기록하였다. 예를 들어 『한서(漢書)·오행지(五行志)』에 기원전 28년 음력 3월 을미일에 태양이 황색을 띠고 검은 기운이 동전 모양으로 중앙에 자리 잡고 있다고 기록되어 있다. 이 외에 흑점은 탄환, 까치, 대추, 혹은 계란 등과 같았다고 묘사되었다. 또한 3일 동안 보이지 않았다거나 수개월 만에 사라졌다는 설도 있다. 서양과 비교하면 적어도 천 년은 앞선 기록이다.

상나라 사람들은 "해에 시(戠)가 있다.(日有戠)"는 것이 특이한 일이라 길함이나 불길함을 가져올 수 있다고 생각했다. 그래서 조상에게 이 현상이 길조인지 흉조인지 점쳐 물었다. 갑골 복사에 아래 그림과 같이 "해에 시가 있을까요? 실제로 시가 있었다.(日有戠? 允唯戠)"라고 하였는데 윤(允)자는 갑골 복사에서 점괘가 들어맞았을 때 쓰던 용어이다. "해에 시(戠)가 있다.(日有戠)(태양에 일식이 있다)"가 정말 상나라 때 해의 흑점을 묘사한 것이고 또한 사전에 흑점이 나타날 거라 추측한 것이 들어맞았다면, 이는 매우 놀라운 일이라고 할 수 있다.

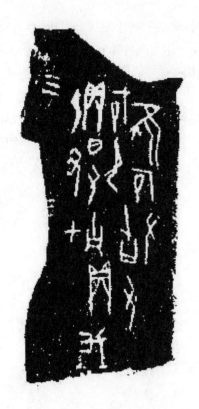

┃갑골 복사에 "해에 일식이 일어날까요? 과연 일깃이 있었다.(日有戠? 允唯戠)"라고 쓰여 있다.(『合集』 33700)

009 벨 괵
guó

010 취할 취
qǔ

갑골문의 괵(馘)자❶는 과(戈)와 밧줄에 매달린 눈이 조합된 모양이다. 고대 문자에서는 종종 눈이 머리를 나타내므로, 괵(馘)자는 49쪽 그림과 같이 적의 머리를 과(戈)에 걸어놓은 모습이다.

이는 '적을 죽였다'는 성과로 사용되었다. 머리는 무게가 무겁고 들고 다니기 불편해서, 중요하지 않은 적은 왼쪽 귀를 잘라 적을 죽였다고 증빙해도 무방했다. 그래서 후대에는 머리를 나타내는 수(首)자 대신 귀를 나타내는 이(耳)자를 쓴 괵(聝)자가 만들어졌다.

이에 비해 갑골문의 취(取)자❷는 손에 귀가 들린 모습이다. 귀가 손에 들리려면 당연히 이미 잘려있어야 한다. 적을 죽인 후 왼쪽 귀를 자르는 것은 말할 필요도 없이 상을 받기 위해서이다. 전쟁에서 죽임을 당하는 적은 대부분 병사여서, '적을 죽였다'는 괵(馘)자도 대부분 '귀를 자르다'는 의미로 사용되었다.

❶ 刕 刕 刕 刕 ❷ 卂 卂 卂

금문의 괵(馘)자❸는 자형이 심하게 바뀌어서, '과(戈)에 매달린 머리'라는 점이 드러나지 않는다. 『설문해자』에서는 "괵(馘)은 전쟁에서 귀를 자르는 것이다. 『춘추전(春秋傳)』에서 말하길, '왼쪽 귀가 베인 포로의 몸이 되었다고 하였다. 이(耳)가 의미부이고, 혹(或)이 소리부이다. 䤋는 괵(馘)이 수(首)로 구성된 것이다.(馘, 軍戰斷耳也. 春秋傳曰：以爲俘馘. 从耳, 或聲. 䤋, 馘或从首.)"라고 풀이하였는데, 이 글자가 당시 이미 형성자와 같은 구조로 변화되었기 때문이다.

서주(西周) 말기의 「다우정(多友鼎)」에는 "다우는 포획물과 적의 귀, 포로를 무공에게 바치니, 무공이 이를 왕에게 바쳤다.(多友迺獻俘馘訊于公, 武公迺獻于王.)"와 같이 서북쪽 흉노와의 전쟁이 기록되어 있다. 다우는 적을 죽인 후 전리품을 바쳤는데, 부(俘)는 포획한 수레와 말이고 괵(馘)은 머리를 떼어낸 것으로 '절수(折首: 잘린 머리)'라고도 한다. 신(訊)은 '집신(執訊: 심문하다)'이라고도 하는데, 산 채로 잡아 고문해서 적에 대한 정보를 얻어낼 수 있는 포로라는 의미이다.

『일주서(逸周書)·세부(世俘)』에서는 주나라 무왕이 상나라를 멸망시킨 후, 사당인 주묘에서 4차례에 걸쳐 적의 머리를 바치는 의식을 거행했다고 했다. 주 왕조는 왕 뿐만 아니라 제후국이 전쟁에서 승리했을 때에도 주묘에서 적의 머리를 바치는 의식을 거행하도록 했다. 대(對)자와 총(叢)자의 유래 역시 적을 죽이고 귀를 자르는 관습과 관련이 있다.

❸

▎전국(戰國) 시대의 구리판에 그려진 목을 베는 그림(중간에 창을 든 사람 손에 사람
머리가 걸려 있다)

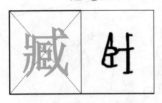

011 **착할 장**

zāng

갑골문에서 장(臧)자❶는 세워진 눈으로, ⊟이나 ⊟이 과(戈)에 찔린 모습이다.

전쟁의 목적은 경제적 약탈이다. 이는 재물뿐만 아니라 사람도 대상으로 한다. 사람은 노역으로 생산 혹은 잡무를 시킬 수 있다. 그러나 포로를 이용하려면 이들이 저항하지 못하게 통제할 방법이 있어야 한다. 포로를 관리하는데 가장 중요한 것은 저항할 수 있는 힘을 줄이는 것이다. 이때는 반드시 정도를 조정해야 한다. 그렇지 않으면 포로가 생산력도 없어져 재물을 생산할 수 없어진다.

그래서 고대에는 많은 부족이 죄인의 한 쪽 눈을 찌르는 방법을 사용했다. 한쪽 눈은 두 눈으로 보는 것보다 시력이 떨어져 전투력을 크게 감소시키지만 일하는 능력은 감소시키지 않는다. 한 쪽 눈이 먼 포로는 저항할 수 있는 힘이 없어 주인의 뜻에 순종한다. 주인에게 순종하는 것은 노예의 미덕이므로, 장(臧)자는 '신복'과 '선량함'이라는 두 가지 뜻도 있다. 과(戈)자를 편방으로 글자를 만든 것은 대개 포로가 '전쟁의 전리품'이라는 것을 강조하는데 방점을 둔 것이다.

❶

012

창 모

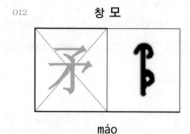

máo

모(矛)는 긴 손잡이 상단에 날카로운 물건을 붙여 만드는 찌르는 무기이다. 길이가 비교적 짧은 것은 던져서 공격하는 것으로 표(鏢), 즉 표창이라고 부른다.

인류는 구석기시대부터 돌이나 뼈로 모(矛)를 만들었다. 상나라 유물 중에 청동으로 만든 모(矛)가 수량은 매우 많지만 상나라 때 모(矛)자를 사용한 것은 아직 발견되지 않았다.

모(矛)와 같은 무기는 공격 방법이 찌르는 것 한 가지 밖에 없고 너무 간단하여 대부분 과(戈)와 함께 사용한다. 과(戈)와 함께 사용함으로써 찍을 수 있고 잡아당겨 찢을 수도 있고 또한 찌를 수도 있는 유연한 무기가 된다. 이렇게 세트로 사용하는 무기는 그대로 과(戈)라고 부르거나 새로운 이름인 극(戟)이라고 부른다.

실제 전쟁에서 모(矛)가 단독 무기로 사용되는 것은 매우 드물어 아마도 갑골문에 모(矛)자가 나타나지 않는 것 같다. 금문에서도 모(矛)자인 ♭, 는 드물게 나타난다. 그 중 모(矛)자인지 알아 볼 수 있는 자형은 상형자이다. 원래 자형은 응당 무(楙)자❶ 속의 모(矛)자 같이 나무자루가 곧게 세워져 있었을 것이다.

❶

모(矛)는 앞부분이 사람을 찌르는 날카로운 물건이다. 손잡이 옆의 동그란 부분은 장식된 끈을 묶거나, 긴 끈을 묶어서 던지는데 사용할 수도 있다. 그래서 공격했는데 목표에 닿지 않았으면, 회수해서 다시 사용할 수 있다.

소전에서는 자형이 크게 변화하여 모(矛)자가 곧은 창 모양이었음을 알기 매우 어렵다. 『설문해자』에는 "모(矛)는 추모(酋矛: 끝이 꼬부라진 긴 창)이다. 전차에 세우는데, 길이가 두 자이다. 상형자이다. 모(矛)로 구성된 글자들은 모두 모(矛)가 의미부이다. 𢎥는 모(矛)의 고문체로 과(戈)로 구성되었다.(矛, 酋矛也. 建於兵車, 長二丈. 象形. 凡矛之屬皆从矛. 𢎥, 古文矛从戈)"라고 하였는데, 모(矛)자가 이미 곧은 창 모양이 아님에도 『설문해자』는 모(矛)자가 상형자임을 알고 있었다.

▎청동 모(矛), 길이 25
센티미터, 상나라 말기,
기원전 14세기~기원전
11세기.

▎청동 모(矛), 길이 26.6
센티미터, 상나라 말기,
기원전 14세기~기원전
11세기.

▎모(矛)와 세트를
이루는 청동 구병(戟),
길이 31센티미터, 폭
15센티미터. 기원전 약
550년.

013

활 궁

gōng

갑골문의 궁(弓)자❶는 활시위가 걸려 있는 Ƀ 모양, 혹은 아직 활 시위가 ʒ에 걸려 있지 않는 활의 모습이다. 금문❷에는 이 두 가지 자형이 모두 있다.

『설문해자』에서는 이렇게 풀이했다.

"궁(弓)은 다하는 것이다. 가까운 것을 멀리 닿도록 하는 것이다. 상형 자이다. 먼 옛날 휘(揮)가 처음 활을 만들었다. 『주례』에 육궁(六弓)이 있는데, 왕궁(王弓)과 호궁(狐弓)은 갑옷과 가죽 등의 두꺼운 것을 쏘는 것이고, 협궁(夾弓)과 유궁(庾弓)은 나무 과녁이나 새, 들짐승을 쏘는 것이고, 당궁(唐弓)과 대궁(大弓)은 활쏘기를 배울 때 쓰는 것이다. 궁 (弓)으로 구성된 글자들은 모두 궁(弓)이 의미부이다.(弓, 窮也, 以近窮 遠者. 象形. 古者揮作弓. 周禮六弓 : 王弓·狐弓, 以射甲革甚質 ; 夾弓· 庾弓, 以射幹侯. 鳥獸唐弓·大弓, 以授學射者. 凡弓之屬皆从弓.)"

❶ ❷

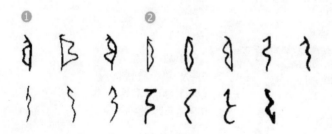

소전에는 활시위가 없는 활의 형태만 남아 있어서, 『설문해자』는 궁(弓)이 어떻게 활모양인지 설명하지 못했다.

활은 활시위의 탄력으로 물건을 쏘아 보내는 원리이다. 화살은 날아가는 속도가 빨라서 대상이 날아가는 길에 있으면 피하기 어렵다. 그래서 활은 피할 줄 모르는 짐승을 사냥하는데 매우 유용한 무기이다. 그러나 피할 줄 아는 인간에게는 그리 효과적이지 않다.

활은 아마도 매우 오래 전부터 사용되기 시작했을 것이다. 어떤 이는 유적에서 출토된 돌로 만든 화살촉의 모양을 근거로 인류가 3~4만년 전 구석기 시대 말기에 활시위를 이용해 발사할 줄 알았다고 하였다. 아마도 처음에는 구석기시대 유적지에서 발견된 날카로운 삼각형 모양의 작은 석기를 나뭇가지에 묶어 쏘았고, 나중에야 활시위의 반발력을 이용해 발사하는 방법을 알게 되었을 것이다.

하북성 무안(武安) 자산(磁山)에서는 뼈로 만든 화살촉이 많이 발견되었는데, 7천 4백만 년 전의 사람들이 이미 활을 보편적으로 사용했음을 알 수 있다. 활과 화살이 발명되면서 짐승에게 가까이 다가가지 않아도 짐승을 죽일 수 있어서 위험이 많이 줄어들었다. 게다가 인간이 함정을 만들 줄 알게 되면서, 짐승은 절대적으로 불리해졌으며 인간에게 맞서기 어려워졌다.

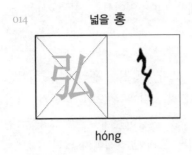

014

넓을 홍

hóng

갑골문에서 홍(弘)자❶는 활의 몸통 아래쪽에 어떤 장치 모양이 그려져 있다. 정도가 높음을 나타내는 형용사로 사용한다. 이 글자가 나타내는 '건장함'과 '웅대함'은 추상적인 의미로, 음을 빌려 쓰는 가차(假借)로만 나타낼 수 있다.

만약 이 의미가 가차가 아니라 의미의 파생으로 만들어진 것이라면, 글자 아래쪽의 장치가 활시위를 걸어 더욱 강한 힘으로 발사되게 하거나 더 큰 진동을 일으키게 하는데서 유래됐을 것이다. 현재로서는 어떻게 설명하는 것이 더 정확한지 알 수 없다.

금문 자형은 ❷처럼 갑골문 자형 그대로이다. 소전 자형에서는 이 갈고리 모양의 물건이 활에서 벗어났는데, 『설문해자』에서는 "홍(𢎺)은 활소리를 말한다. 궁(弓)이 의미부이고, 사(厶)가 소리부이다. 사(厶)는 굉(肱)의 고문체이다.(𢎺, 弓聲也. 从弓, 厶聲. 厶, 古文肱字.)"라고 하여, 이 글자를 형성자로 설명한다. 그러나 이는 정확하지 않은 해석이다. 일반적으로 한 글자에서 소리부는 독립되어 있지, 의미부와 이어져 있지 않다. 갑골문과 금문의 홍(弘)자의 모양은 한 덩어리로 되어 있다. 게다가 사(厶)자는 사(私)자의 본자이고, 홍(弘)자와는 발음이 다르다.

❶ ❷

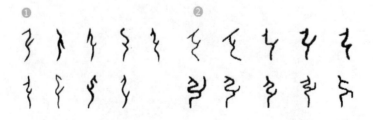

015

굳셀 강

qiáng

갑골문에서 강(強)자의 초기 자형은 ⬤이나 ⬤으로, 구(口)자가 궁(弓) 안에 있는 모양이다. 궁(弓)자의 안 쪽 부분은 공간이 제한적이라 제대로 쓰기가 쉽지 않다. 그래서 구(口)자를 바깥으로 꺼내 분리한 ⬤과 같은 모양이 되었다.

이는 활시위를 마치 입모양[口]처럼 당겨야 활이 강력한 힘을 가지게 되는 것을 표현한 것이다. 만약 활시위를 너무 완전히 당기면 활의 반발력이 너무 약해지고 발사되는 힘도 약해져 이상적이라 할 수 없다. 활을 강하게 만들고 반발력을 더욱 높이기 위해 이중으로 대나무를 궁 모양으로 만들어 궁(弓)을 겹쳐 쓰기도 했다. 갑골문에서 강(弜)자는 ❶과 같고, 금문❷과 소전 자형도 이와 같다. 이는 두 개의 궁(弓)자가 나란히 있는 모양을 그린 것이다.

『설문해자』에서 "강(弜)은 굳세다는 뜻이다. 무겁다는 뜻이다. 두 개의 궁(弓)으로 구성되었다. 강(弜)으로 구성된 글자들은 모두 강(弜)이 의미부이다. 알 수 없다.(弜, 彊也. 重也. 从二弓. 凡弜之屬皆从弜. 闕.)"라고 하였다. '궐(闕)'은 왜 그런지를 정확하게 알 수 없어 비워둔다는 말이다. 사실 이 글자는 후대에 소리부인 '백(百)'이 붙어 필(弼)자가 되었고 도와주다는 의미로 사용된다. 갑골문에서 이 글자는 부정부사로 가차되어 사용되었다.

❶   ❷

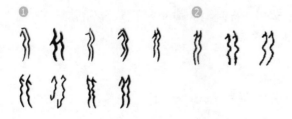

다른 방법은 뿔을 녹여 활의 몸체에 바르는 것이다. 이렇게 하면 활의 발사력을 강화할 수 있어서 좋은 활은 각궁(角弓)이라고 불리는 경우가 많다. 『고공기(考工記)·궁인(弓人)』에 따르면 궁을 제작할 때는 매우 신경 쓰는데, "겨울에는 재료를 자르고, 봄에는 뿔을 녹여 바르고, 여름에는 힘줄을 가공한다. 가을에는 3가지 재료를 조립해야 한다. 다음해 봄에 활시위를 장착한다.(冬折幹, 春液角, 夏治筋, 秋合三材, 春被弦)"라고 하였다. 활을 만드는데 1년이 넘는 시간이 드는 것이다. 활은 무사의 승패와 생사를 좌우하는 물건이므로 엄격하게 만들어야 한다. 그래서 재료는 정밀하게 선택해야 하고, 규범에 맞게 조립해야 하며, 수치도 정확해야 하고 힘도 알맞게 배합하여야 한다. 발사 후에는 목표에 명중해야 하고 한 치의 오차도 없어야 한다.

궁(弓)의 자형에서 바깥으로 나온 구(口)자는 금문 시대에 𢎨과 같이 동그라미로 썼다. 이는 붓으로 쓸 때 빨리 쓰기 위함이다. 3획의 구(口)를 빨리 쓰면 사(厶)자가 되어 홍(弘)자와 혼동되었기 때문에, 이를 구분하기 위해 충(虫)자를 더해 형성자인 강(強)자가 되었다.

『설문해자』에서는 "강(強)은 쌀 바구미이다. 충(虫)이 의미부이고, 홍(弘)이 소리부이다. 𧖊은 강(強)의 주문체이다. 충(蚰)으로 구성되었고, 또 강(彊)으로 구성되었다.(強, 蚚也. 从虫, 弘聲. 𧖊, 籀文強 从蚰从彊)"라고 했다. 아마도 강(強)자와 홍(弘)자를 구분하기 위해 주문체로 충(蚰)을 의미부로 하고 강(彊)을 소리부로 하는 형성자를 하나 더 만들었을 것이다. 그러나 자형이 너무 복잡해서 일반적으로는 충(虫)을 더한 자형을 사용한다. 강(強)자의 소리부는 홍(弘)이 아닌데, 강(強)자와 홍(弘)자가 같은 운부에 속하지 않기 때문이다.

016 **탄알 탄**

dàn/tán

활시위로 당겨 쏠 수 있는 것은 두 가지가 있는데 하나는 돌덩이이고, 하나는 화살이다. 갑골문의 탄(彈)자❶는 작은 돌덩이가 장전된 활시위 위에서 발사를 기다리고 있는 모습이다.

이 갑골문자는 『설문해자』와 자형 비교를 통해 무엇인지 확실히 알 수 있다.

『설문해자』에 "탄(彈)은 환(丸)을 날아가게 하는 것이다. 궁(弓)이 의미부이고, 단(單)이 소리부이다. 혹자는 㣆이 활이 환(丸)을 가지고 있는 모습으로 구성되었다고 하였는데 이와 같다.(彈, 行丸也. 从弓, 單聲. 㣆, 或說彈从弓持丸如此)"라고 하였다.

여기서 "활이 환(丸)을 가지고 있는 모습으로 구성되었다(从弓持丸)"는 갑골문 자형에 기반한 것으로 활의 시위와 환(丸)이 활 몸체에서 분리된 모습으로 자형이 변화했기 때문이다. 그렇지 않으면 환(丸)자가 어떻게 만들어졌는지 이해할 방법이 없다.

❶

『설문해자』에서는 또 이렇게 해설했다.

"환(⺇)은 둥근 것이다. 옆으로 기울어져 도는 것이다. 측(仄)자를 뒤집
어놓은 모양으로 구성되었다. 환(丸)으로 구성된 글자들은 모두 환(丸)
이 의미부이다.(⺇, 圜也. 傾側而轉者. 从反仄. 凡丸之屬皆从丸)"

측(仄)자를 뒤집어 놓은 것이 어떻게 둥글다는 뜻이 있는 걸까? 이
는 분명 갑골문의 탄(彈)자의 환(丸)과 활시위 부분이 변화된 데에서 비
롯되었다. 환(丸)은 둥근 물건이므로 '둥글다는 의미가 생겼다. 가끔 『설
문해자』에 나타나는 잘못 변화된 자형도 우리가 고문자를 이해하는데
도움을 준다.

017

화살 시

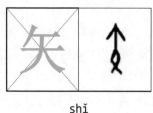

shǐ

활에서 발사되는 물건 중 가장 흔히 볼 수 있는 것은 화살로, 고대에는 시(矢)라고 불렸다. 갑골문의 시(矢)자❶는 화살의 모습이다.

화살의 날카로운 부분은 살상용이다. 끝부분에는 안정적으로 날아갈 수 있도록 깃털이 박혀 있다.

화살 끝 모양도 목적에 따라 여러 가지가 있다. 날카로운 것은 살상용이고, 뭉뚝한 것은 대상을 의식을 잃게 해 사로 잡는 것을 목적으로 한다. 어떤 화살은 소리가 나도록 설계되어 있는데 부르거나 경계할 때 사용한다.

금문의 자형❷은 처음에는 화살대에 점이 추가되었으나 나중에 짧은 가로선으로 바뀌었다.

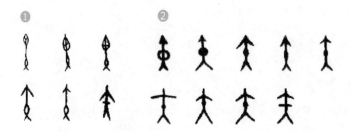

『설문해자』에는 이렇게 풀이했다.

> "시(夰)는 궁노가 쏘는 화살이다. 입(入)으로 구성되었으며, 화살촉, 화
> 살대, 화살 깃을 형상화하였다. 먼 옛날 이모(夷牟)라는 사람이 화살을
> 처음으로 만들었다. 시(矢)로 구성된 글자들은 모두 시(矢)가 의미부이
> 다.(夰, 弓弩矢也. 从入, 象鏑栝羽之形. 古者夷牟初作矢. 凡矢之屬皆
> 从矢.)"

글자가 많이 변했지만, 허신은 시(矢)자가 화살의 모습을 형상화한
것임을 알고 있었다.

상나라 말기의 유적에서 길이가 85센티미터인 온전한 화살이 나왔
다. 화살의 비행궤도는 활시위의 신축성과 활의 길이, 중량과 관계가 있
으므로 매우 정확하게 만들어야 하고 대충 만들어서는 안 된다.

018

가지런할 제

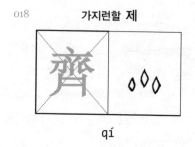

qí

갑골문에서 제(齊)❶자는 화살촉이 여러 개 이는 모양이다. 원래는 세 개가 나란히 놓여 있어야 하는데 후에 세 개가 같은 모양일 때는 보통 위에 한 개, 아래에 두 개가 놓이게 변화하면서 금문 자형❷도 대부분 이렇게 변했다.

화살촉 부분이 점차 변하면서 나중에는 보리 모양으로도 오해받았다. 『설문해자』에서도 "제(齊)는 벼와 보리의 이삭이 위가 평평하다는 뜻이다. 상형이다. 제(齊)로 구성된 글자들은 모두 제(齊)가 의미부이다.(齊, 禾麥吐穗上平也. 象形. 凡齊之屬皆从齊.)"라고 하여 벼와 보리의 길이가 모두 평평하게 같은 것에서 유래했다고 해석하였다.

벼와 보리류의 식물은 자연적으로는 자랄 때 각각의 높낮이가 고르지 못하다. 인위적인 통제 하에서만 같은 높이 혹은 길이의 제품이 될 수 있다. 화살은 촉, 막대, 날개의 세 부분으로 되어 있다. 세 부분이 각각 같은 길이와 중량을 가져야 날아가는 궤도가 일정하다. 화살촉은 청동을 재료로 두 개의 주조틀을 사용해 만들어지므로 모양과 중량을 조절할 수 있다. 그래서 옛 사람들은 이러한 특성에 근거해 '가지런하고 평평하다', '반듯하고 정연하다'라는 의미의 글자를 만들었다.

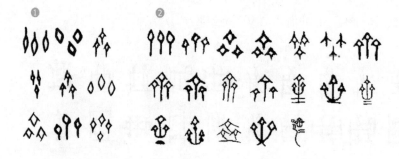

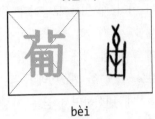

갖출 비

bèi

019

갑골문에는 하나 혹은 두 개의 화살이 개방식 화살집에 들어 있는 모습의 글자❶가 있다. 이 글자의 금문 자형❷은 대부분 부족의 휘장으로 사용됐으며, 화살집의 모양이 더욱 사실적이다.

실용적인 자형인 마지막 글자 🗡를 통해 우리는 🗡이 화살 끝에 있는 깃털이 와변된 것이고, 아래쪽 화살집은 비슷한 다른 글자로 변하는 유화(類化) 때문에 용(用)자가 되었음을 알 수 있다. 이러한 모습은 소전 자형에서도 나타난다.

『설문해자』에서는 "🗡는 구비하다는 뜻이다. 용(用)으로 구성되었고, 구(苟)의 생략된 형태로 구성되었다.(🗡, 具也. 从用, 苟省.)"라고 하여, 복(𤰇)자가 구비하다는 뜻을 가지게 된 이유와 글자의 유래를 해석하지 않았다. 독음에서 알 수 있듯이 이것은 '화살 넣는 통'이라는 의미의 복(箙)자이다. 복(𤰇)자는 먼저 만들어진 표의자이고, 복(箙)자는 나중에 만들어진 형성자이다. 이러한 개방식의 화살집은 함(函)자와 다르다. 함(函)자는 뚜껑이 있는 밀폐식의 화살집으로, 뚜껑을 열어야 화살을 꺼낼 수 있어서 사용하는데 시간이 든다. 그러나 복(𤰇)은 개방식으로 화살을 바로 화살집에서 꺼내 발사할 수 있어 언제든 전쟁에 준비할 수 있다는 의미가 있다. 그래서 '예비하다', '준비하다'의 비(備)자로 발전하였다.

❶   ❷

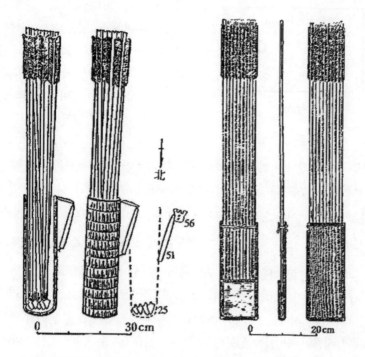

| 상나라 개방식 화살집의 복원도. 왼쪽은 원통형이고 오른쪽은 사각형이다.

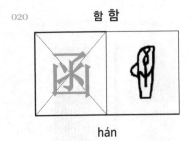

020

함 함

hán

갑골문에서 함(函)자❶는 화살을 담는 주머니를 형상화한 상형자이다. 화살주머니 밖의 동그라미는 허리끈에 차서 허리에 맬 수 있는 고리이다. 안쪽의 화살은 위나 아래를 향하게 놓았다.

금문 자형❷에서는 화살 끝이 아래로 향하는 것으로 고정되었지만 여전히 화살주머니 모양이다. 소전에서는 자형이 이상하게 변하기 시작한다. 『설문해자』에 "**囷**은 혀이다. 혀의 몸체는 함함(马马)이다. 함(马)으로 구성되었으며 상형자이다. 함(马)은 소리부도 겸한다. **肣**는 함(函)의 속자로, 육(肉)과 금(今)으로 구성되었다.(**囷**, 舌也. 舌體马马. 从马. 象形. 马亦聲 **肣**, 俗函从肉今.)"라고 하여 함(函)자를 혀를 형상화한 것으로 오해하고 있다. 그러나 갑골문과 금문의 자형을 보면, 함(函)이 원래 뚜껑을 열어야만 안쪽의 화살을 꺼내어 사용할 수 있는 밀봉형 자루라는 것을 알 수 있다. 이런 자루는 화살을 그 안에 완전히 담고 있어서 '포용', '편지'의 의미로 확장되었다. 개방식과 밀봉식의 화살주머니는 상나라 유적에서 실제 볼 수 있다.

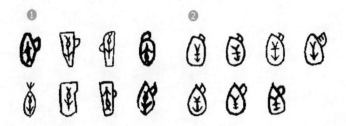

021

과녁 후

hóu

화살이 발사되면, 발사되는 힘과 각도가 달라 일직선이 아니라 포물선으로 날아간다. 활쏘기는 끊임없이 연습해야 적당한 힘으로 발사하여 멀리 있는 목표물을 명중시킬 수 있다. 활쏘기를 연습할 때는 실수로 다른 사람을 다치게 하지 않기 위해 연습 전용 장소가 필요하다.

금문 명문에 여러 번 언급되었듯이, 활쏘기 시합은 활쏘기 전용 장소인 사려(射廬)에서 거행되었다. 활쏘기를 연습할 때에는 화살이 과녁에 맞았는지 아닌지를 점검하기 위해 과녁이 필요하다..

갑골문에서 후(侯)자❶는 가로로 보면 화살이 과녁에 맞은 모습을 표현하고 있다. 금문의 자형❷은 여기서 크게 변하지 않았다.

❶

❷

『설문해자』에서는 이렇게 풀이했다.

"후(疾), 봄의 잔치는 과녁을 쏘는 것이다. 인(人)으로 구성되었고 또 엄(厂)으로 구성되었다. 베를 펼쳐 그 아래에 화살을 둔 모습이다. 천자는 곰, 호랑이, 표범 모양의 과녁을 쏘아 맹수를 복종시킬 능력이 있음을 보인다. 제후는 곰, 호랑이 모양의 과녁을 쏘고, 대부는 큰 사슴 모양의 과녁을 쏘는데 큰 사슴은 미혹을 상징한다. 선비는 사슴, 멧돼지 모양의 과녁을 쏘는데 밭에 해악을 끼치는 것을 제거하기 위함이다. 축원하는 관리가 대표로 말하길, '왕실을 조견하지 않는 후(侯: 과녁을 쏘는 것과 제후라는 이중 의미)처럼 되지 말라. 조정에 와서 왕에게 경의를 표하지 않으면 너희(과녁)를 쏘리라.'라고 하였다. 疾는 후(侯)의 고문체이다.(疾, 春饗所射侯也. 从人·从厂. 象張布, 矢在其下. 天子射熊虎豹, 服猛也. 諸侯射熊虎, 大夫射麋. 麋, 惑也. 士射鹿豕, 為田除害也. 其祝曰：毋若不寧侯, 不朝于王所, 故伉而射汝也. 疾, 古文侯.)"

이유는 알 수 없지만, 소전 자형에는 과녁 위에 인(人)자가 추가됐다. 원래는 과녁을 설치하는 장치였는데 인(人)자로 유화해 변화했을 가능성도 있다. 여기서 말하는 곰, 호랑이, 표범, 큰 사슴, 사슴, 멧돼지 등의 동물은 과녁에 그려진 그림이지 진짜 짐승이 아닐 것이다. 고대에 계급별로 과녁에 그려진 그림이 달랐다는 것은 아마도 허신의 상상 같다. 후대에는 대개 네모나 동그란 모양을 과녁으로 사용해서 구체적인 형상의 동물 그림을 그리는데 신경 쓸 필요가 없어졌다.

▌청동으로 만든 술병에 그려진 활쏘기 대회 의식 도안. 과녁의 중심은 사각형이다.

022 　궁술 사

shè

갑골문에서 사(射)자❶는 화살을 활시위에 놓고 쏘려고 하는 모습이다. 이것은 상대를 죽이는 직접적인 수단이다. 금문 자형❷은 화살대 끝에 달린 깃의 형상을 생략하고 화살을 발사하는 손을 추가했다.

『설문해자』에서는 이렇게 풀이했다.

"사(🔲)는 활이 몸에서 출발하여 먼 곳에 적중한다는 뜻이다. 시(矢)로 구성되었고, 또 신(身)으로 구성되었다. 🔲는 사(躲)의 소전체이며, 촌(寸)으로 구성되었다. 촌(寸)은 법도이며, 손이다.(🔲, 弓弩發於身而中於遠也. 从矢, 从身. 🔲, 篆文躲 从寸. 寸, 法度也, 亦手也)"

허신은 사(射)가 궁(弓)자가 신(身)자로 변했고, 화살도 활에서 벗어나거나 생략되었고, 손인 우(又) 혹은 수(手)도 촌(寸)으로 변해 이 글자가 어떻게 만들어졌는지 정확히 해석할 방법이 없었을 것이다.

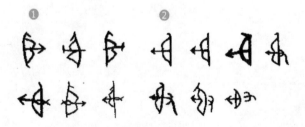

상나라 때는 땅에 나무로 만든 쇠뇌를 설치하고 들짐승이 쇠뇌 틀에 설치된 줄을 건드려 화살에 맞을 때까지 조용히 기다렸다. 상나라 묘에서 출토된 청동으로 만든 활 모양의 기물은 아마도 이러한 나무 쇠뇌에 달린 장치였을 것이다. 그 위에 달린 방울은 사냥꾼에게 쇠뇌가 발사되었으니 화살이 사냥감에 맞았는지 확인하도록 알려 주었다.

주나라 이후에는 귀족들이 수렵 활동을 거의 하지 않아 이러한 활 모양의 기물을 더 이상 만들지 않게 되었다. 전쟁터에 수레를 타고가든 걸어가든 상관없이 활은 매우 중요한 원거리 무기이다. 그러나 방패류를 사용하여 몸을 보호할 줄 아는 인간에게는 그 효과가 크게 감소했다. 인간에게는 기습적인 수단을 사용해야 그나마 효과가 있었다.

제3부

의장용 무기

인류 문명은 크게 3단계를 거쳐 진화한다. 첫 번째 단계는 수렵채집으로 살아가는 평등사회로, 작은 집단을 이루며, 집합과 해산이 불안정하고, 유동성이 크며, 거처가 일정하지 않다는 특징이 있다. 지도자는 자연스럽게 정해지는 것이라 무언가 강제로 집행할 수 있을 정도로 권위가 강하지 않았다. 사람들의 사회적 지위는 평등하며 재산권이나 영토에 대한 개념이 없었다.

두 번째 단계는 원예농업으로 생계를 유지하는 계급사회이다. 이 시기에 사람들은 주위환경에 노동력과 자본을 투입하므로 재산권과 영토에 대한 개념이 있다. 공동체의 조직은 점점 안정되어 간다. 농경의 정도가 높아짐에 따라 사회는 점차 계급의 구별을 가지게 되었으며, 귀족은 사람들을 거느리고 권세를 가지게 되었다.

세 번째 단계는 여러 계층의 계급을 가진 사회로, 국가 조직이 이미 형성된 상태이다. 이 때 사회는 환경에 대한 투자를 강화하여 개인의 산업 및 영토에 대한 소유권을 인정하고 전문적인 생산 조직을 가진다. 국가의 형태도 완성되어 중앙집권 정치체제를 가진다. 국가는 개인에게 정부에 대한 의무를 요구하고 대신 개인을 보호한다. 의무는 납세, 부역, 병역 등을 포함한다. 이 때 국가는 자연자원을 통제하고 개인 간의 다툼을 금지하며 국가 간의 대규모 전쟁을 치르기도 한다.

두 번째 단계에서는 사회에 다른 사람보다 더 많은 재산을 모은 사람들이 나타나는데, 이것이 자연스럽게 신분의 차이를 만들어 계급의 구분이 만들어진다. 상류층 사람들은 공동체 내에서 활약하고 싶어 할 뿐만 아니라 다른 공동체의 사람들에게도 한눈에 자신의 신분과 위엄을 알게 하고 싶어 한다. 이를 위한 가장 쉬운 방법은 보기 드물거나 먼 곳에서 가져온 재료, 예를 들면 동물의 털가죽이나 뼈, 손톱과 이빨, 깃털 혹은 금, 은, 보석, 조개 등과 같은 걸로 의복이나 장신구를 만들어 그들의 높은 사회적 지위를 드러내는 것이다.

귀족은 신분과 재산을 보호하기 위해 사람들을 거느리고 군사력을 가진다. 집에 있을 때도 호위가 필요하지만 밖에 나갈 때에는 더욱 무력의 보호가 필요하다. 초기에는 귀족도 실제 무기를 사용했지만 나중에는 일반병사와 구별하기 위해 의장용 무기를 발전시켰고 귀족의 신분을 식별하는 역할을 하게 되었다. 소위 의장용 무기는 모양은 무기지만 사람을 죽이는데 효과가 크지 않다. 이는 예를 들어 아름다운 옥이나 나무 등 재료의 차이일 수도 있다. 또 모양의 차이일 수도 있다. 어떤 것은 심지어 살상력이 전혀 없다. 이러한 무기로 만든 글자 역시 전쟁과 무관하다.

무기는 일상생활의 도구에서 비롯되었고 오랜 시간 개량을 거쳐 전문적으로 인체의 약점을 겨냥하도록 설계되어 초기의 모습과 완전히 달라졌다. 반면, 도구는 서로 다른 필요에 따라 그 형상이 다르지만 시종일관 원래의 형상을 유지하고 있어서 아무런 변화가 없다. 그러므로 무기의 형태로는 사용한 시대를 판단할 수 있지만 도구는 그렇지 못하다. 다음은 도구의 모습을 본 따 만든 글자들이다.

023

도끼 월

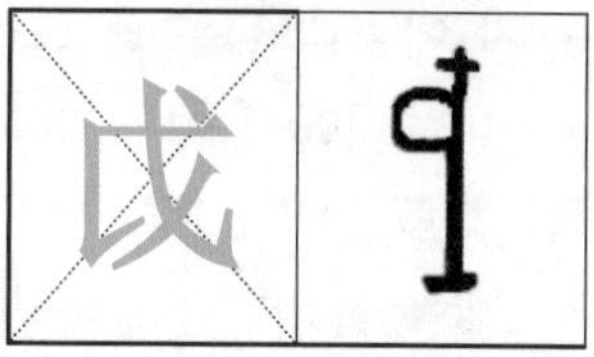

yuè

갑골문에서 월(戉)자❶는 손잡이가 있고 넓은 반달 모양의 날을 가진 중병기이다. 월(戉)자는 나중에 만들어진 큰 도끼라는 뜻의 월(鉞)자의 초기 형태일 것이다.

월(戉)은 무게가 타격의 핵심 포인트로 날카로운 날이 있는지는 중요하지 않다. 월(鉞)은 중력을 이용해 적을 때려 치명상을 입히는 기구로 만약 실제 전투에서 사용한다면 공격 방향이 제한적이어서 효율성이 낮아 효과적인 전투무기가 아니다. 월(鉞)은 주로 처형하는데 사용되는데, 처형당하는 사람은 몸을 함부로 움직이지 못하는 범죄자이기 때문에 월(鉞)이 권위의 상징으로 발전하게 되었다.

월(鉞)이 부장품으로 묻힌 고분은 모두 대형 고분이며, 과(戈)가 묻힌 고분보다 그 수가 훨씬 적다. 큰 월(鉞)이 묻힌 고분은 과(戈)와 모(矛)도 보인다. 그러나 과(戈)와 모(矛)가 묻힌 고분에 반드시 큰 월(鉞)이 있는 것은 아니다.

❶

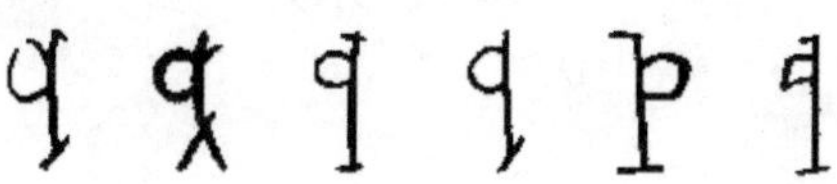

금문 자형인 🪓은 실물에 더 가까운데, 긴 손잡이 하단에는 바닥에 꽂을 수 있는 창고달도 그려져 있다. 『설문해자』에 "월(戉)은 큰 도끼이다. 과(戈)가 의미부이고, 날(丨)이 소리부이다. 『사마법(司馬法)』에서 말하길 '하나라는 검은 월(戉)을 잡았고, 은나라는 하얀 척(戚)을 잡았고, 주나라는 왼손에 황금 월(戉)을 잡았고 오른손에 흰색 깃발을 잡았다.'라고 하였다. 월(戉)로 구성된 글자들은 모두 월(戉)이 의미부이다.(戉, 大斧也. 从戈. 丨聲. 司馬法曰：夏執玄戉, 殷執白戚, 周左杖黃戉, 右把白髦. 凡戉之屬皆从戉.)"라고 하였다. 여기서 월(戉)의 자형은 곧은 손잡이가 과(戈)자처럼 구부러지고 둥근 칼 부분이 갈고리 모양으로 변형되어, 형성자로 오해받았다. 월(戉)이 도끼 류 무기의 상형자임은 의심할 여지가 없다. 그러나 출토된 유물 중에 둥근 모양이 거의 없고 대부분은 칼날 부분이 다음 그림처럼 넓고 구부러져 있다.

▍감양록송석수면문청동월(嵌鑲綠松石獸面紋青銅鉞), 길이 25센티미터, 폭 17 센티미터, 상나라 말기, 기원전 14세기~기원전 11세기.

▌쌍호창주문청동월(雙虎搶珠紋靑銅鉞), 길이 39.5센티미터,
안양(安陽) 부호묘(婦好墓) 출토, 상나라 말기, 기원전
14세기~기원전 11세기.

024

겨레 척

戚

qī

학계에서는 일반적으로 작은 월(鉞)을 척(戚)이라고 한다. 갑골문에서 척(戚)자❶는 자형이 좁고 긴 평면 날에 손잡이가 있는 무기 모양이다.

척(戚)자의 포인트는 날 부분의 양 옆에 있는 장식들로, 이 장식은 세 개의 돌기가 나란히 모여 있는 형태이다. 출토된 수는 많지 않지만 주로 춤을 출 때 사용되는 도구라서인지 옥석에 조각된 것이 많이 나타난다.

금문 시대에는 척(戚)자의 날 옆 부분의 돌기 장식이 본체에서 분리되어 🔨 모양이 되었다. 이에 『설문해자』에서는 "척(戚)은 도끼이다. 월(戉)이 의미부이고, 숙(尗)이 소리부이다.(戚, 戉也. 从戉, 尗聲.)"라고 하여 척(戚)자가 숙(尗)이 소리부인 형성자라고 착각하였다. 숙(尗)자는 숙(叔)자에서 분석해낸 글자이다. 숙(叔)자❷의 형상은 콩꼬투리를 손으로 따는 것으로 숙(菽: 콩류 식물의 총칭)자의 본자이고 '정숙하고 착하다'는 뜻으로 가차되었다. 후에 어찌된 일인지 '아버지 항렬의 친척'이라는 의미로 차용되었다.

❶

❷

▌옥으로 만든 척(戚),
길이 11.3센티미터, 폭
7센티미터, 언사(偃師)
이리두(二里頭) 출토,
기원전 약
21세기~기원전 17세기.

▌돌로 만든 척(戚), 폭
22.3 센티미터,
언사(偃師)
이리두(二里頭) 출토,
척(戚)에는 양쪽에
돌기가 있고 월(鉞)에는
없다. 구리나 옥으로
만든 척(戚) 역시
의장품이다. 기원전 약
21세기~기원전 17세기.

025

다섯째 천간 무

wù

갑골문에서 무(戊)자❶는 전투용인 과(戈)자와 비슷한데, 둘 다 곧은 손잡이에 가로 놓인 기물을 묶은 모양이지만 모양은 조금 다르다.

과(戈)자에서 공격하는 부분은 끝이 뾰족해서 ㅓ와 같이 하나의 가로획으로 나타낸다. 반면 무(戊)자의 날 부분에 하나의 짧은 직선 혹은 곡선 하나가 더 있는데 이는 앞쪽 날 부분이 뾰족하지 않음을 의미한다.

원래 무(戊)자는 과(戈)자 끝에 짧은 직선이 있었는데 후에 이것이 곡선이 되었다. 이에 해당하는 출토 유물은 83쪽 그림과 같이 후대 척(戚) 혹은 부(斧)라고 일컬어지는 평날의 무기이다. 자형 변화도 과(戈)자와 같아서, 무기의 손잡이 부분이 구부러지고 날 부분의 짧은 직선도 길어졌다. 금문은 갑골문의 자형을 따라 ❷와 같이 나타난다.

❶   ❷

『설문해자』에서는 "무(戌)는 중궁(中宮)이다. 60갑자의 다섯 번째 간지이고 용이 똬리를 틀고 있는 모양이다. 무(戊)는 정(丁) 다음에 나오고 사람의 어깨를 본 따 만들었다. 무(戊)로 구성된 글자들은 모두 무(戊)가 의미부이다.(戌, 中宮也. 象六甲五龍相拘絞也. 戊承丁象人脅. 凡戊之屬皆从戊)"라고 하였다. 허신은 이것이 무기와 관련 있는 상형자임을 알아차리지 못했다.

이러한 무기는 전투에 편리한 도구가 아니다. 왜냐하면 실제 전투에서 공격 방향이 아래로 내리치는 것뿐이고 과(戈)와 같은 무기처럼 상대의 목을 벨 수도 없고 공격 면이 평평해서 상대의 몸을 찌르는 힘 역시 크게 줄기 때문이다. 적을 죽이는 효율이 낮아서 주로 의장용으로 사용한다. 이 글자는 천간(갑을병정무기경신임계: 甲乙丙丁戊己庚辛壬癸)의 다섯 번째라는 의미로 사용되며 전투와 관련이 없다.

▌좁고 평날인 동으로 만든 부(斧), 길이 약 14 센티미터,
상(商)나라, 기원전 13세기~기원전 11세기.

026

개 술

戌

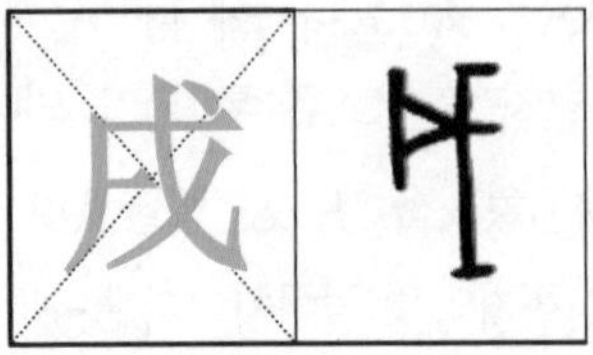

xū

qù

갑골문에서 술(戌)자❶ 역시 곧은 손잡이를 가진 무기 모양이다. 다만 끝 부분의 날이 무(戊)자와 다를 뿐이다. 술(戌)자의 날 부분은 폭이 상당히 넓지만 앞쪽은 짧고 곧을 뿐더러 뒤쪽보다 폭이 넓어서 후대의 월(鉞)과 비슷해 보인다. 금문❷ 자형은 대체로 무기의 특징을 그대로 가지고 있다.

『설문해자』에서는 "술(戌)은 없어진다는 뜻이다. 9월이면 양기가 강해져 만물이 자라나고 양기는 내려가 땅으로 들어간다. 오행에서 토(土)는 무(戊)에서 나고 술(戌)에서 성해진다. 무(戊)와 일(一)로 구성되었는데, 일(一)은 소리부도 겸한다. 술(戌)로 구성된 글자들은 모두 술(戌)이 소리부이다. (戌, 滅也. 九月昜气微, 萬物畢成, 昜下入地也. 五行土生於戊, 盛於戌. 从戊一, 一亦聲. 凡戌之屬皆从戌)"라고 하였다. 소전 자형의 무기 앞쪽 부분이 약간 변화해서, 허신은 이 글자가 상형자임을 알아내지 못했다.

❶

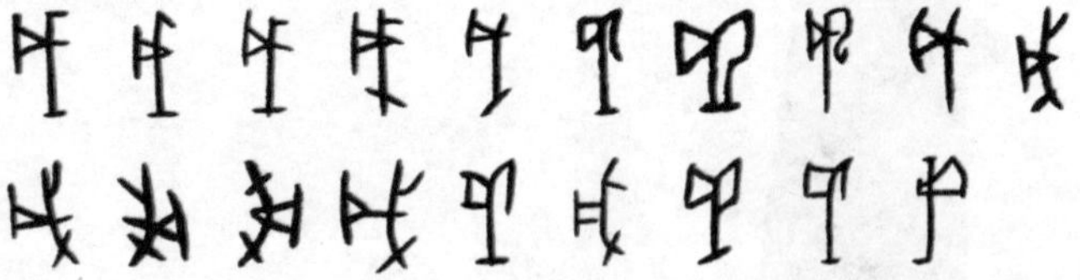

❷

이러한 무기는 직접 아래로 내리쳐 죽이는 식으로 사용하지만 공격 면이 커서 찌르기가 어렵다. 따라서 반드시 무거운 재료로 만들어 중력을 이용해 적을 쳐야만 죽일 수 있다. 그러나 무겁게 만들면 민첩함이 떨어져 전쟁에서 사용하기 불편하므로 주로 형벌을 집행하는 무기로 사용하며 처형을 주관하는 사법권의 상징이 되었다. 이 글자는 지지(地支) 즉 자축인묘신사오미신유술해(子丑寅卯辰巳午未申酉戌亥)의 11번째 이름으로 사용되며 역시 전투와 무관하다.

▌투조청동월(透雕靑銅鉞), 길이 41센티미터, 호남성 반용성(盤龍城) 출토,
상나라 중엽, 기원전 15세기~기원전 14세기.

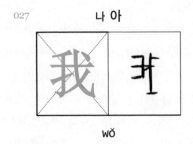

027 나 아

wǒ

갑골문에서 아(我)자❶ 역시 곧은 손잡이가 달린 무기 형태이지만 앞부분이 세 갈래로 갈라진 모양이다. 출토 유물과 대조해보면 끝 부분의 날이 파도처럼 기복이 있는 모양이다.

이러한 무기는 살상 효과가 현저히 떨어져 다음 글자인 의(義)처럼 아(我)가 의장용으로 사용되었음을 알 수 있다. 이 글자는 1인칭 대명사로 차용되어 매우 많이 사용되었기 때문에 자형 역시 다양하다.

금문은 ❷와 같이 끝 부분에 있는 갈래가 비교적 많이 변화되었다. 『설문해자』에서는 "아(𢦠)는 자기 자신을 이르는 말이다. 어떤 이는 아(我)가 옆으로 기울어졌다는 뜻이라고도 한다. 과(戈)와 𠂔로 구성되었다. 수(垂)의 고문체이다. 살(殺)의 고문체라는 설도 있다. 아(我)로 구성된 글자들은 모두 아(我)가 의미부이다.(𢦠는 아(我)의 고문체이다.(𢦠, 施身自謂也. 或說我, 頃頓也. 从戈𠂔. 古文垂也. 一曰古文殺字. 凡我之屬皆从我. 𢦠, 古文我)"라고 하였다. 날 부분의 변화가 너무 커서 허신도 아(我)자가 무기의 모습인 것을 알지 못했다.

❶

❷

옳을 의

yì

갑골문에서 의(義)자❶는 아(我) 모양 무기의 손잡이에 갈고리, 혹은 깃털 같은 것을 장식한 모양이다. 이것은 아(我) 모양의 무기를 더욱 아름답게 장식한 것으로, 실용적인 무기라기보다는 의장용에 초점을 맞춘 것이다.

금문 자형❷은 장식한 물건들이 이미 양(羊)자처럼 변했다. 양(羊)자와 의(義)자는 독음이 서로 다른 운류(韻類)에 속한다.

그래서 『설문해자』에서도 "의(義)는 자신의 위엄과 바름이다. 아(我)로 구성되었고, 또 양(羊)으로 구성되었다.(義, 己之威義也. 从我从羊.)"라고 하여 형성자로 보지는 않았으나 양(羊)자가 의(義)자에서 어떤 역할을 하고 있는지 설명하지 못했다. 이것은 의례에 필요한 용품이지 실제 사용된 무기가 아니다. 그러므로 의부(義父)나 의족(義足) 등에서처럼 '인공적인', '본래 그런 것이 아니'라는 의미로 확장되었다.

의장(儀仗)의 의(儀)자는 형식상으로는 의(義)를 소리부로 하는 형성자이지만 의(義)자의 '가짜'라는 의미와 다소 관련 있다.

❶　　　❷

029 **다 함**

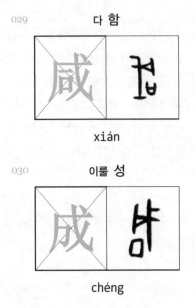

xián

030 **이룰 성**

chéng

갑골문에서 함(咸)자는 ❶ 등과 같은 형태이고, 금문은 ❷ 등과 같은 형태로, 술(戌)자와 구(口)자의 조합으로 만들어진 표의자이다.

이 글자는 부사인 '모두', '전부'의 의미로 사용된다. 부사는 추상적인 의미여서 그림으로 표현하기 어렵기 때문에 음운상의 차용 방식인 가차(假借)를 사용한다. 만약 음독을 통한 가차 방법이라면 글자의 본의도 있어야 한다. 그렇다면 함(咸)자의 유래는 무엇일까?

함(咸)자와 자형이 비슷한 글자는 성(成)자이다. 성(成)자는 갑골 복사에서 나라를 세운 왕인 성탕(成湯), 즉 탕왕의 이름으로 ❸과 같이 쓰였다. 이 둘을 비교하면 성(成)은 술(戌)을 의미부로 하고 정(丁)을 소리부로 하는 형성자이지만 함(咸)자는 표의자일 수 있다.

❶   ❷   ❸

의장용 무기와 사람의 입이 어떻게 '모두', '전부'라는 의미를 만들 수 있었을까? 의장대는 사람이 늘 많고, 입은 소리를 내고 말을 하는 기관이다. 사람이 많으면 보통 시끄러워 말을 알아듣기 힘들다. 그러나 의장대는 귀족들이 행진할 때 길잡이로, 큰 소리로 함성을 지르며 잡상인을 몰아낸다. 그들의 함성 소리는 우렁차고 일치되어야만 소기의 목적을 달성할 수 있고, 다른 사람의 주의를 끌며 소리치는 내용을 잘 전달할 수 있다. 의장대의 구성원들은 훈련이 잘 되어 있어서 모두 획일적인 말로 외치기 때문에 '모두', '전부'라는 추상적인 의미로 확장되었다.

『설문해자』에서 "함(咸)은 모두라는 의미이다. 전부라는 의미이다. 구(口)로 구성되었고 술(戌)로 구성되었다. 술(戌)은 모두라는 뜻이다.(咸, 皆也. 悉也. 从口从戌. 戌, 悉也.)"라고 하였다. 명백하게 유래를 밝히지 못했지만, 형성자로도 생각하지 않았다. 갑골문의 성(成)자와 함(咸)자는, 하나는 정(丁)인 口로 구성되었고, 다른 하나는 구(口)인 ㅂ로 구성되었다. 자형이 너무 비슷해 성(成)자는 곧 형성자인 갑골문❹과 금문❺ 자형으로 바뀐다.

『설문해자』에서 "성(𢁒)은 이룬다는 뜻이다. 무(戊)가 의미부이고, 정(丁)이 소리부이다. 𢁒은 성(成)의 고문체로 오(午)로 구성되었다.(𢁒, 就也. 从戊, 丁聲. 𢁒, 古文成. 从午.)"라고 하였는데, 이 분석은 완전히 정확하진 않다. 소전과 고문체 자형은 모두 술(戌)이 의미부이고 정(丁)이 소리부이지, 무(戊)가 의미부이고 정(丁)이 소리부이지 않다.

❹   ❺

해 세

sui

갑골문에서 세(歲)자❶ 역시 술(戌)자와 무(戊)자 같은 무기 모양인데 날 부분 중간에 두 개의 작은 점이 더 있다. 일반적으로 이 두 점은 날의 구부러짐이 심해서 ![무기] 와 같이 마치 두 개의 구멍을 만든 형태라고 생각한다.

두 점을 생략하여 간단히 ![기호]나 ![기호]로도 쓴다. 이것은 전투에 사용하기 적합한 무기가 아니라 일종의 의장용이다. 복사에는 금세(今歲), 내세(來歲), 금래세(今來歲), 십세(十歲), 금삼세(今三歲) 등과 같이 시간의 길이와 관련된 용어로 사용되었는데 이는 분명 세(歲)자에 세월의 의미가 있다는 뜻이다.

금문 자형❷은 이 글자가 초기의 ![기호], 여기에 보(步)를 더한 ![기호]나 ![기호], 그리고 여기에 월(月)을 더한 ![기호]의 세 단계에 걸쳐 변화했음을 반영한다. 세성(歲星)은 태양계에서 가장 큰 목성을 부르는 말인데, 어째서 이렇게 부르게 되었을까?

❶

❷

『설문해자』에서는 "세(歲)는 목성이다. 28별자리를 넘어 지나가고 음양 12시진을 두루 지나는데, 12개월이 한 차례이다. 보(步)가 의미부이고 술(戌)이 소리부이다. 옛날 역법서에 오성(五星)을 오보(五步)라고 하였다.(歲, 木星也. 越歷二十八宿, 宣遍陰陽, 十二月一次. 从步, 戌聲. 律厤書名五星為五步.)"라고 해석한다. 세성(歲星)을 매년 하늘의 12분의 1을 이동한다고 했는데 마치 길을 걷는 것처럼 움직이기 때문에 후대 갑골문에 보(步)자가 붙어 [갑골문] 나 [갑골문]가 되었고 현재의 세(歲)자가 되었다. 대략 12년을 한 주기로 움직이는 것은 12간지의 숫자와 일치하므로 옛 사람들은 이에 따라 세성의 위치로 연대를 표시하는 습관을 길렀다.

상나라 사람들이 이렇게 무기를 본 딴 글자로 목성의 이름을 붙인 것은 아마도 특별한 의미가 있었을 것이다. 후세에 목성은 군사행동의 징조로 생각되었다. 『사가·천관서(天官書)』에 "세성이 대응하고 있는 나라는 정벌할 수 없지만 그 사람들은 징벌할 수 있다.(其所在國不可伐, 可以罰人)"라고 하였는데, 다른 사람을 징벌하는 것은 바로 귀족이 도끼를 사용하는 주요 목적이다. 지구에서는 목성이 나선 모양으로 운행하는 것 같이 보이는데 매번 움직임이 불안정하고 빛도 명암이 늘 같지 않고 예측하기 어려워 다른 행성과 다르다. 이로 인해 하느님이 관리하고 천명의 소재를 나타낸다고 여겨졌다. 그래서 군주가 죄인을 처벌하는 도끼로 목성을 나타내게 되었다.

제4부

방호 장비

적을 효과적으로 공격하여 저항하지 못하게 하는 것도 물론 중요하지만 만약 적의 공격을 제대로 방어하지 못하면 오히려 먼저 적에게 상처를 입고 만다. 그래서 적과 가까이 싸울 때는 반드시 자신을 어떻게 보호할지 생각해야 한다. 이런 이유로 각종 보호 장비가 만들어졌다.

　　방호 장비는 후대의 통치자에게 무기보다도 더욱 중요하고 또 가치가 있다. 무기를 몰래 가지고 있는 것도 죄가 되지만 이보다 장갑(裝甲)을 몰래 가지고 있는 것이 죄가 더 무거웠다. 백성들이 무기를 숨기는 것은 반드시 정부에 저항하기 위한 것이라고 할 수 없지만 장갑을 숨기는 것은 정부에 저항하고 자신을 보호하기 위한 것이기 틀림없기 때문이다.

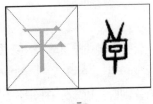

032 방패 간

gān

화살은 살상력이 강하고 공격범위가 넓지만 갑옷과 방패로 자신을 보호할 줄 아는 인류에게는 효용이 크게 떨어진다.

"대동간과(大動干戈: 전쟁을 일으키다)"라는 성어는 격렬한 전쟁을 나타내는 문학적 표현이다. 여기서 과(戈)자는 공격적인 무기를 가리키며, 간(干)자는 방어적인 방호구를 뜻한다. 둘 다 군사의 필수 장비이다.

갑골문에서 간(干)자❶는 원래 맨 끝 부분에 적을 공격하거나 죽일 수 있는 갈라진 모양의 뾰족한 창이 있는 장비이다. 중간 부분의 회(回)자 모양은 호신용 방패를 상징하고, 이어지는 부분은 긴 손잡이로 바닥에 세울 수 있다. 방패는 금속, 등나무, 가죽 등 단단하고 쉽게 뚫리지 않는 재질로 제작되어 날카롭거나 무거운 물체의 공격을 견딜 수 있다. 방패는 여러 가지 모양이 있는데 네모난 것, 둥근 것이 있으며 단순한 호신용도 있고 창인 과(戈)나 모(矛) 등 공격용 장치를 덧붙인 것도 있다. 그래서 간(干)자는 '범하다', '저촉하다'라는 뜻으로도 사용된다.

❶   ❷

나중에 방패 부분의 짧은 세로선 혹은 원형 부분은 자형에서 생략되었다. 금문에서 간(干)자는 ❷처럼 자형이 간략화 되었다. 그래서 『설문해자』에서 "간(丫)은 범하다라는 뜻이다. 일(一)로 구성되었고, 뒤집어진 입(入)으로 구성되었다. 간(干)으로 구성된 글자들은 모두 간(干)을 의미부로 한다.(丫, 犯也. 从一从反入. 凡干之屬皆从干.)"라고 하여, 자형이 이미 상형이라는 것을 알기 어렵게 변해서 억지로 회의자로 해석하였다.

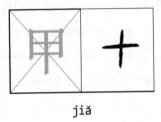

첫째 천간 갑

jiǎ

033

적과 싸울 때, 한 손에 방패를 든 다면 다른 손에는 자루가 짧은 무기만 들 수 있어 공격 효과가 제한된다. 만약 보호 장비를 몸에 입을 수 있다면 두 손으로 더 위력적인 무겁고 긴 무기를 들고 적에 맞설 수 있다.

이렇게 몸에 입을 수 있는 방어 장비를 갑옷과 투구라고 부른다. 몸에 입는 것이 갑옷이고 머리에 쓰는 것이 투구이다.

갑골문의 갑(甲)자❶는 원래 간단히 십(十)자 모양만 그려져 있어서 호신용 갑옷과의 연관성을 짐작하기 어렵다. 이 때문에 어떤 사람은 갑(甲)자가 작은 조각이 연결된 십(十)자모양의 재봉선을 나타낸다고 생각하기도 했다. 갑(甲)자는 자형이 너무 간단해서 글자가 어떻게 만들어졌는지 판단하기 어렵다.

상나라에 상갑(上甲)이라는 선조가 있었는데 갑(甲)자를 ❷와 같이 썼다. 어떤 이는 나라를 세운 이 선조의 위패를 정면에 두고 그 외의 것을 양 쪽에 두었는데 이것이 정중앙에 둔 선조가 갑일(甲日)의 상갑(上甲)임을 나타낸다고 생각했다. 아마도 십자가가 교차하는 글자 모양이 간단해서 선조의 이름을 빌어 갑을병정(甲乙丙丁)과 같은 항렬자를 만들었을 것이다. 금문에서는 ❸과 같이 이 두 가지 자형을 모두 그대로 사용하였고, 소전에서는 자형이 복잡해지고 일부 변형되었다.

❶   ❷

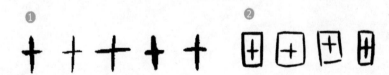

『설문해자』에 "갑(甲)은 동방의 처음으로 양기가 싹이 트니 초목의 새 싹이 껍질을 쓰고 나오는 모양이다. 『태일경(大一經)』에 '사람 머리의 빈 곳을 갑(甲)이라 한다.'라고 하였다. 갑(甲)으로 구성된 글자는 모두 갑(甲)이 의미부이다. 帝은 갑(甲)의 고문체이다. 일에서 시작하여 십에서 나타나니, 해가 나무로 자라는 형상이다.(甲, 東方之孟, 陽氣萌動. 從木戴孚甲之象. 大一經曰 : 人頭空為甲. 凡甲之屬皆从甲. 帝, 古文甲. 始於一見於十, 歲成 於木之象.)"라고 하였다. 허신은 갑(甲)자를 식물이 막 싹이 났을 때 위쪽에 껍질이 있는 모양을 나타낸 것이라고 보았는데, 갑(甲)자가 원래 상나라 선조 상갑(上甲)의 합문에서 잘못 변화된 것임을 알지 못했다.

❸

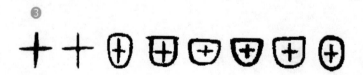

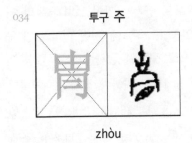

034

투구 주

zhòu

머리에 쓰는 모자는 종류에 따라 각기 다른 역할이 있다. 군사 용도로 머리를 보호하고 상대의 공격을 받지 않도록 하는 모자를 주(冑)라고 부른다. 갑골문에는 이 글자가 나타나지 않는다.

금문 자형❶은 가장 아래에 눈이 하나 있는데, 고문자에서 눈은 항상 머리를 나타낸다. 머리보다 눈이 쓰기 편하기 때문이다. 눈의 윗부분은 머리에 쓰는 투구 모양이다. 이러한 투구는 위쪽에 관이 있어 깃털 같은 장식물을 꽂을 수 있다. 이것은 미관을 위한 것이기도 하고 머리 위로 높이 나와 있어서 부하들에게 잘 보여 전투 지휘를 받기 쉽게 하기 위한 것이기도 하다.

후에 이 자형의 위쪽 관 부분은 유(由)자로 바뀌었고 눈 부분도 생략되었다. 그래서 『설문해자』에서 "주(冑)는 투구이다. 모(冃)가 의미부이고, 유(由)가 소리부이다. 𩊠는 『사마법(司馬法)』에 나오는 주(冑)로, 혁(革)으로 구성되었다.(冑, 兜鍪也. 从冃, 由聲. 𩊠, 司馬法冑从革.)"라고 하여 형성자로 해석하였다. 그러나 이 글자는 유(由)로 구성되고 또 혁(革)으로 구성된 자형으로, 유(由)가 투구의 형상이고 혁(革)이 재료를 나타내는 것이어서 형성자로 볼 수 없다.

❶

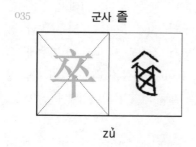

035 군사 졸

zǔ

갑골문에서 졸(卒)자❶는 여러 개의 작은 조각을 꿰매어 만든 갑옷의 모습이다. 간혹 조각 모양 사이에 작은 점이 있는 자형도 있다. 이는 아마도 장식성과 실용성을 겸비한, 청동으로 만든 작은 점무늬나 조각 위의 작은 바늘 구멍을 나타냈을 것이다.

금문에서는 졸(卒)자가 적게 나타나는데, 금문의 졸(卒)자인 ☆은 갑옷의 교차선이 옷깃 아래로 이동하였다. 가죽으로 만든 기갑은 처음에는 통가죽을 재단하여 만들었는데 나중에는 작고 많은 가죽 조각들을 꿰매어 만들었다. 갑옷은 보통 소가죽으로 만드는데 그 중 가장 질긴 것은 코뿔소 가죽이다.

코뿔소 가죽으로 만든 기갑은 일반 병기나 화살 공격을 방어하는데 매우 효과적이다. 전국 시대에 이르러 관통력이 강한 쇠뇌를 보편적으로 사용하게 되자, 코뿔소 가죽 갑옷은 효용이 크게 떨어졌다. 그래서 철을 제련하는 기술이 크게 발전한 후에는 강철로 갑옷과 투구를 만들기 시작했다.

❶

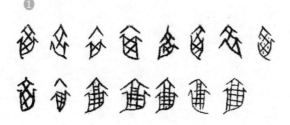

갑옷과 투구는 처음에는 매우 귀중한 제품이었다. 그래서 졸(卒)은 서주(西周) 이전에 갑옷과 투구를 걸친, 인솔자가 5천명이 넘는 고급 장교를 의미했다. 그러나 산업이 발전하면서 갑옷과 투구가 사병에게 보편적인 장비가 되고, 지휘하는 장교는 오히려 기갑을 꼭 착용하지는 않게 되면서, 졸(卒)은 '일반 사병'을 부르는 말로 의미가 확대되었다.

『설문해자』에서는 졸(衣)에 대해, "노예나 하급관리인 급사를 졸(卒)이라 한다. 옛날에는 옷을 염색하여 표시하였다. 그러므로 의(衣)로 구성되었다.(衣, 隸人給事者為卒. 古以染衣題識, 故从衣)"라고 하였다. 『설문해자』에서 졸(卒)의 지위는 더욱 낮아져 죄인을 의미하고 자형은 옷에 염색으로 특수한 표시를 한 열등한 사람의 복장이라고 하였는데 이것은 잘못된 해석이다.

036

끼일 개

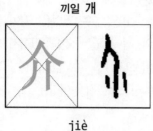

jiè

갑골문에서 개(介)자①는 사람의 몸에 앞뒤로 많은 조각이 있는 모양이다. 그래서 이 글자가 투구나 갑옷 제작과 관련 있다고 생각하는 사람도 있다.

몸을 보호하는 갑옷과 투구류는 만들 때 비늘처럼 생긴 작은 조각들을 많이 잇고 꿰매어 착용하는 사람의 몸을 감싸기 때문에 개(介)자는 '중개한다'는 뜻 외에 '갑각류의 껍데기[介甲]'나 '매우 작음[纖介]' 등과 같이 작은 물건과 관련된 의미가 있다.

『설문해자』에 "개(介)는 나눈다는 뜻이다. 인(人)으로 구성되었고, 팔(八)로 구성되었다. 사람은 각자 구분된 영역이 있다.(介, 畫也. 从人·从八. 人各有介.)"라고 하였다. 허신은 이 글자의 유래에 대해 사람이 각자 구분된 영역이 있다고 해석했다. 그러나 경전에서 개(介)를 '구획'의 의미로 사용한 예는 찾을 수 없다. 허신은 아마도 전(田)을 의미부로 하고 개(介)를 소리부로 하는 계(界)자를 표의자로 보고 개(介)자를 밭의 경계를 구획한다는 뜻으로 보았던 것 같다.

①

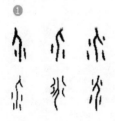

만약 '사람은 각자 구분된 영역이 있다'는 뜻이었다면, 적어도 두 명을 그렸어야 사람과 사람 사이의 구분을 나타낼 수 있었을 것이다. 또 갑골문 자형 중에는 사람 앞뒤로 네 개의 점이 있는 것도 있어서 '나누어진다'는 팔(八)자를 이 글자의 구성 성분으로 볼 수 없다. 이 글자의 유래는 '많다'는 의미를 포함하고 있어야 하므로 '갑옷'이라는 설명이 비교적 합리적이다.

037

되 융

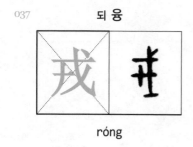

róng

갑골문의 융(戎)❶자는 과(戈)자와 갑(甲)자를 조합한 모습이다. 과(戈)는 공격용 무기이고 갑(甲)은 몸에 착용하는 보호용 장비이다. 둘 다 군사에게 필요한 장비로, 이 둘을 합쳐 군대와 관련된 의미를 나타낸다.

원래 과(戈)와 갑(甲) 부분은 분리되어 있었는데 후에 하나로 합쳐졌다. 십(十)자 모양인 갑(甲)자는 자형이 후에 中으로 변했는데 융(戎)자의 갑(甲)자 부분도 이를 따라서 변했다. 『설문해자』에 "융(戎)은 무기이다. 과(戈)와 갑(甲)으로 구성되었다. 中는 갑(甲)의 고문체이다.(戎, 兵也. 从戈甲. 中, 古文甲字.)"라고 하였다.

❶

제5부

군사 행동

깃발은 고대 사회에서 매우 중요한 물건으로, 군사행동에서 없어서는 안 되는 필수 물품이다. 깃발이 꽂혀있는 곳은 바로 부족의 주둔지이며, 깃발이 향하는 곳은 부족의 행동 목표이다. 높이 든 깃발은 많은 사람들이 쉽게 볼 수 있어서 전쟁 때 지휘관은 깃발을 들고 군대를 지휘한다.

깃발은 온 가족이 모여 사는 곳을 의미하기도 한다. 혈연집단의 견고함과 집단생활의 성격을 강조하기 위하여, 그리고 적의 침입을 막기 위하여 많은 씨족들은 종종 마을을 사각형 혹은 원형으로 둘러싸서 집을 짓는다.

앙소 문화시대의 마을은 이러한 풍습에 근거하여 배치하였다. 마을은 원형이고 참호로 둘러싸여 있으며, 사방의 집들은 모임에 사용되는 중앙의 큰 집, 즉 지휘 본부와 마주하고 있다. 중(中)자의 유래에서도 알 수 있듯이 거주 범위의 중심지에 우뚝 솟은 깃대를 세워 정보를 전달하였다.

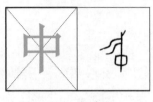

038

가운데 중

zhōng/zhòng

갑골문에서 중(中)자❶는 일정한 범위의 중심에 깃대를 세운 모양이다. 깃대에 깃발이 있을 때도 있고 내려져 있을 때도 있다. 이는 한 지역의 중심을 나타낸다.

갑골 복사에 상왕이 깃대를 세울 때 큰 바람이 불지 않을지 점을 쳐 물어보는 것이 있을 정도로 중심부에 깃발을 세우는 것은 상나라 사람들에게 매우 중대한 일이었다. '중(中)'이 세워진 곳은 부족이 생활하는 곳이자 군대가 항상 주둔하는 곳으로 혈족 부락의 초기 구조 현상을 매우 잘 설명한다. 평소에 알릴만한 일이 없으면 깃대에 깃발이 없었다.

마을의 중심 범위는 원래 원형인데, 갑골문은 칼로 새기는 것이라 원을 그리기 어려워 절대 다수가 사각형으로 되어 있고 가끔 원모양의 점처럼 축소시키기도 한다. 마을을 주관하는 관장은 밭에서 일하는 주민들에게 알릴 일이 있을 때 다른 색과 모양, 그리고 다른 수의 깃발을 깃대에 올려 먼 곳에 있는 주민들도 전달할 내용을 알 수 있도록 했다. 이는 배 위에서 깃발로 서로 소식을 주고받는 것과 같다.

❶

깃발은 깃대 옆에서 바람을 따라 펄럭인다. 그러나 금문❷에서는 원래의 의미가 모호해져 🚩처럼 깃발을 깃대의 양 쪽에 나누어 그리기도 했다. 대칭을 맞추기 위해 위아래에 모두 깃발이 있는 🚩도 있다. 때로는 🚩과 같이 중심 부분을 생략하거나, 구(口)자처럼 쓰기도 한다. 『설문해자』에서 "중(中)은 안이다. 구(口)와 곤(丨)으로 구성되었으며 아래와 위가 통한다. 𠁥은 중(中)의 고문체이다.(中, 内也. 從口·丨. 下上通也. 𠁥, 古文中.)"라고 하였다. 그 중 허신은 이미 구(口)자로 변화된 자형만 골라 제시했고, 고문체라는 것은 어디서 근거한 것인지 알 수 없으며, 깃대의 하단을 구부려서 이 글자가 만들어졌을 때 중점을 둔 부분이 완전히 사라져 버렸다.

❷

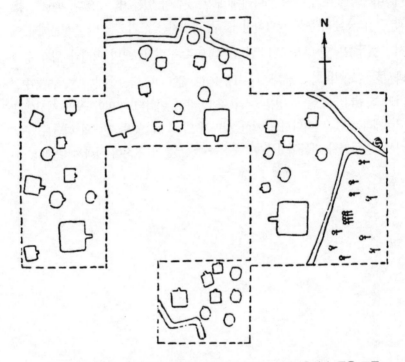

▍섬서성 강채(姜寨) 유적으로, 해자로 둘러싸인 앙소 문화마을이다. 문은 모두
중심부를 향해 있다.

039

겨레 족

zú

갑골문에서 족(族)자❶는 깃발이 펄럭이는 깃대 아래, 하나 혹은 두 자루의 화살이 있는 모습이다.

화살은 군대의 필수적인 살상 장비이므로 족(族)자는 같은 깃발 아래에 있는 전투 단위를 나타낸다. 금문 자형❷은 말기에 깃발의 모습이 잘못 바뀌어 깃발의 형상을 알아보기 힘든 🪶과 같은 모습이 되었다. 소전에서는 깃발과 깃대가 분리되었다.

『설문해자』에서는 "족(🪶)은 화살촉이다. 화살 묶음을 모아놓은 것이다. 언(认)으로 구성되었고, 또 실(矢)로 구성되었다. 언(认)은 많이 모였음(衆)을 나타내는데, 화살이 많이 모인 곳임을 뜻한다.(🪶, 矢鏠也. 束之族, 族也. 从认·从矢. 认, 所以標眾, 眾矢之所集)"라고 하여 화살촉이 한 다발을 이룬다고 하였는데 족(族)이 어떻게 만들어졌는지에 대한 설명은 없다.

❶

❷

고대 군대 조직은 혈족 단위로 되어 있었다. 상나라 남자들은 모두 군사 훈련을 받았다. 같은 혈족에 속하는 사람들은 평소에 같은 구역에 살며, 협력하여 생산하고 전쟁이 일어나면 함께 적을 막고 영예와 치욕을 함께 했다.

족(族)은 작은 단위의 전투조직이다. 복사(卜辭)에 '왕족(王族)', '다자족(多子族)'이라는 호칭이 있는데, 왕족은 상나라 왕의 친혈육을, 다자족은 왕자가 조성한 각종 전투 단위를 지칭한다.

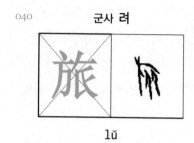

040 군사 려

旅

lǚ

갑골문에서 여(旅)자❶는 작은 집단의 족(族)과 대립되는 개념으로 만 명으로 이루어진 큰 조직이다. 자형은 두 사람(많은 사람을 나타냄)이 하나의 깃발 아래에 모여 있는 모양이다.

금문 자형은 ❷와 같고, 부족의 휘장으로 사용되었던 초기 자형인 ❸도 여(旅)자로 많은 사람들이 깃발 주위를 에워싸고 있는 모습이다. ❹는 나중에 나온 복잡한 자형으로, 수레가 하나 더 추가되었는데 아마도 '지휘관이 큰 지휘 깃발을 꽂은 수레에 타고 있다'는 뜻을 표현한 것 같다.

❶

❷

❸

❹

『설문해자』에서는 "려(㫃)는 군인 오백 명을 의미한다. 언(㫃)으로 구성되었고, 또 종(从)으로 구성되었다. 종(从)은 갖추다라는 의미이다. 㫃는 여(旅)의 고문체이다. 고문체는 노나라와 위나라라고 할 때의 노(魯)와 같아 보인다.(㫃, 軍之五百人. 从㫃·从从, 从, 俱也. 㫃, 古文旅. 古文以爲魯衛之魯.)"라고 하였다.

여(旅)는 각 지역의 서로 다른 씨족으로 이루어진 큰 집단이라는 의미로 만들어졌다. 그들이 고향에서 멀리 떨어진 외지의 군사적 요충지에 주둔하고 서로 간에 혈연관계가 없어 모두 타향 생활을 하는 느낌이 있었기 때문에 여(旅)자는 '나그네', '여행'의 뜻으로 의미가 확장되었다.

복사(卜辭)에는 "부호에게 군사 3천 명을 징집하게 하고, 또 여(旅)로 1만 명을 징집하게 할까요? (登婦好三千, 登旅萬.)"라는 기록이 있다. 서주 초기의 『상서(尚書)·목서(牧誓)』에서는 하나의 여(旅)에 세 개의 사(師)가 있다고 하였는데 모두 만 명이 넘는 큰 군단이다. 『설문해자』에서는 여(旅)를 겨우 5백 명으로 구성된 편제로 이야기하는데 아마 잘못된 것 같다. 또 금문의 명문에 노나라의 의미로 가차한 것도 없다.

고대의 전쟁은 전술이 영민해지고 공예 기술이 더욱 정교해짐에 따라 그 규모도 확대되었다. 고고학을 통해 신석기시대 마을과 그 생산성을 보면, 당시 전쟁은 분명 규모가 매우 작았을 것이다.

전설에 의하면 약 4천7백 년 전 신석기시대 말기, 황제(黃帝)의 시대에는 52번의 전쟁을 거쳐 비로소 천하를 정복하였다고 한다. 그것은 분명 오랜 기간에 걸쳐 작은 전투들을 치르면서 약탈하고 강해진 결과 이룰 수 있었던 성과였을 것이다.

상나라가 건국될 때, 『맹자(孟子)·등문공하(滕文公下)』에서 상나라 탕왕이 "11번 정벌하였는데 천하에 적수가 없었다."라고 하였는데 대전의 횟수가 많이 감소했다. 후에 주나라가 연합군과 상나라를 공격할 때는 단 한 번의 전쟁으로 운명을 결정지었다.

중국이 농업 사회로 진입하면서 인구가 증가하고, 모두가 좋은 경작지와 충분한 수자원을 차지하여 식량을 생산하기 위해, 전쟁은 더욱 격렬하고 빈번하게 발생했다. 이때 전쟁의 효율을 높이기 위해 작전을 지휘하는 왕이 등장했다.

복사에는 상나라와 그 외 다른 나라들이 치른 여러 차례의 크고 작은 전쟁이 나타난다. 대규모의 전쟁은 한번에 3천명을 모집하는 것이 보통인데, 때로는 5천명, 심지어는 1만 3천명을 언급하기도 한다.

갑골문에는 어떤 전투에서 적군 2천6백5십 명을 죽였다는 언급이 있는데, 죽은 적은 일반적으로 생포된 자의 3분의 1정도이므로 그 때의 전투로 상나라가 죽이거나 포획한 적이 1만 명에 달했을 것으로 추측된다. 양쪽에서 동원한 사람은 분명 1만 명이 훨씬 넘었을 것이다. 이처럼 상나라와 적국은 전투 시 양쪽에서 1만 명 이상을 동원하는 것이 일상적이었다.

서주 시대에는 전쟁의 규모가 더욱 커졌다. 예를 들어 기원전 11세기 강왕(康王) 때에는 우(盂)가 명을 받아 귀방(鬼方)을 정벌하였는데, 처음으로 전쟁포로 1만3천8십1명을 교환했다. 확실히 규모가 상나라에 비해 훨씬 커진 셈이다. 『사기(史記)·주본기(周本紀)』에 따르면 주 무왕이 상나라를 토벌할 때, 본대의 군사가 4만5천명이었다고 한다. 그러나 포로로 잡힌 사람이 3십만인 것은 확실하므로 분명 주나라와 연합군의 사람 수는 3십만을 넘었을 것이다.

041 **헤엄칠 유**

yóu

갑골문의 유(游)자❶는 남자 아이 모양인 𗏷와 깃발이 합쳐진 모양이다. 금문❷에서는 의미부가 추가된 두 가지 자형이 나타난다. 하나는 길을 나타내는 彳과 걸음을 나타내는 止가 더해진 遊자이고, 다른 하나는 물을 나타내는 水가 더해진 游자이다.

『설문해자』에서는 "유(游)는 깃발의 술이다. 언(㫃)이 의미부이고 수(汓)가 소리부이다. 𨖬는 유(游)의 고문체이다.(游, 旌旗之流也. 从㫃, 汙聲. 𨖬, 古文游.)"라고 하여, 유(遊)자를 고문 자형으로 보고, 유(游)자를 소전 자형으로 보았다. 의미는 깃발 가장자리에 나부끼는 천 조각이다. 깃발 위에 나부끼는 천 조각이 어린 아이와 무슨 관계인가? 만약 글자를 만들 때, 의미가 어린 아이와 밀접한 관계가 없었다면 깃대에 몇 개의 선을 긋는 것으로 깃발의 의미를 충분히 표현할 수 있었을 것이다. 따라서 『설문해자』의 해석은 문제가 있다.

깃발은 군대의 상징을 대표하며, 지휘관의 주도 하에 명령을 내리는 데 쓰인다. 군대를 이끄는 장수들은 깃발을 높이 세워 부하들이 명령에 집중하도록 했다. 옛날에는 부족의 행동이 깃발을 벗어나지 않았고, 깃발로 부족의 주둔지를 나타내었다. 또한 깃발로 부족의 집합과 해산, 그리고 진퇴를 지시하였다. 봉건 시대에는 깃발과 토지, 백성을 함께 상으로 하사하기도 하였다.

『시경(詩經)·장발(長發)』에서는 상나라 탕왕이 하나라를 정복하는 것을 노래하고, 『상서(尚書)·목서(牧誓)』에서는 주나라 무왕이 상나라 왕을 정복하는 것을 묘사했는데, 그들은 손에 모두 도끼와 깃발을 들고 예당(禮堂)에 들어갔다. 본래 어린 아이가 휘두를 물건이 아닌데 아이 손에 있는 것은 분명 아이를 달래는 장난감일 것이다. 합리적으로 추론해본다면 아마도 어린 아이가 장난감 깃발을 갖고 노는데서 의미가 생겼고, 유(游)자로 가차되어 깃발 위의 술을 칭하게 되었을 것이다.

후에 깃술이 물과 같이 흔들리므로 물 수(水)자가 더해져 유(游)와 발음이 같은 유(游)자가 만들어지게 되었다. 그리고 후에 아마도 수(水)가 있어서, '물에서 헤엄치다'는 의미를 가졌지만 잘 안 쓰는 글자인 수(汓)자를 대체하게 되었고, '수영하다'는 의미를 갖게 되었다. 유(游)자도 '길 위에서 이리저리 돌아다니다(游走)'라는 의미로 인신되었다. 그래서 길이라는 의미의 척(辵)자가 붙어 유(遊)자가 되었고 후에 유(游)와 유(遊)는 통용되는 글자가 되었다.

각종 놀이(遊戱)는 일상적이면서 추상적인 의미가 있어 어린 아이의 도구를 빌려 표현한다. 유(游)와 희(戱)는 본래 서로 다른 것을 나타내는데, 유(游)는 장난감으로 자기를 즐겁게 하는 것이고, 희(戱)는 다른 사람을 즐겁게 하기 위해서 연극하는 것이었다. 그러나 이 둘은 서로 비슷한 점이 있기에 합쳐져 유희(游(遊)戱)라는 단어가 만들어졌다.

제6부

약탈

전쟁의 목적은 상대를 굴복시키고 자신의 생존을 보장하는 것이다. 인류는 종교, 오락, 자극, 심지어는 아름다운 여성 때문에 전쟁을 일으켜 왔다. 후에 전쟁의 주요 목적은 경제 이익을 위해서였다. 예를 들어 『일주서(逸周書)·세부(世俘)』에는 주나라 무왕(武王)이 상나라 왕을 물리쳤을 때, 토지와 백성 외에 구보옥(舊寶玉) 1만4천여 점, 패옥 18만점을 획득하였다고 기록되어 있다. 구보옥과 패옥이 전쟁터에 있을 리 없으므로 분명 전쟁에서 이긴 후에 집집마다 찾아다닌 결과일 것이다. 재물을 약탈하는 것은 주나라 연합군이 상나라를 공격한 목적 중 하나였다.

패배한 종족은 세 가지 운명에 처할 수 있다. 가볍게는 거처에서 쫓겨나 멀리 떨어진 곳에서 생계를 도모한다. 그 다음으로는 노예로 전락하여 정복자에 봉사한다. 심하게는 죽임을 당하기도 한다.

서주(西周) 말기의 『다우정(多友鼎)』에서 "다우(多友)는 이에 전장에서 획득한 적의 머리와 포로를 무공(武公)에게 바쳤고, 무공은 이를 왕에게 바쳤다.(多友迺獻孚馘訊于公, 武公迺獻于王)"라고 하였는데, 이는 전쟁터에서 획득한 전리품이 어떤 것인지 명시하였다.

그리고 『사원정(師袁鼎)』 명문에 "사원(師袁)은 경건하고 성실히 일하였는데, 받은 임무를 어긋나게 하지 않았고, 밤낮을 가리지 않고 농사와 경작에 근면히 종사하여, 효과가 매우 훌륭하고 성과도 있었다. 적군의 목을 베고, 포로를 생포하였으며, 무수한 노동자와 마차부가 성인남녀와 소, 양을 몰아 잡았으며, 양질의 청동기도 획득하였다.("師袁虔不墜, 夙夜卹厥牆事, 休既有工. 折首執訊, 無謀徒馭, 驅孚士女·牛羊, 孚吉金.)"라고 하였다. 이는 전쟁터에서 획득한 선리품이 어떤 것인지 명시했을 뿐만 아니라 승전 후에 일반 백성들에게 무엇을 빼앗았는지도 보여주고 있다.

『맹자(孟子)』에서 『상서(尚書)』의 유실된 글을 인용하여 주공(周公)에 대해 "신하로서 복종하지 않은 자가 있자 동쪽으로 정벌하여 그 나라의 남녀백성을 편안하게 해주었다.(有攸不惟臣, 東征, 綏厥士女.)"라며 그의 인격을 인자하게 미화하였다. 이에 주석을 단 학자는 '수(綏)'를 '안(安: 편안하다)'으로 해석하고 정복당한 백성을 안정시켰다고 하였다. 사실 수(綏)자의 뜻은 사람들을 수레에 오를 수 있게 도와주는 밧줄이다. 그 남녀백성을 편안하게 한다는 말은 『사원정』이 말하는 "성인남녀를 몰아 잡았다(驅孚士女)"와 같은 말로 승전 후 약탈의 진상을 보여주는 것이다.

042 **미쁠 부**

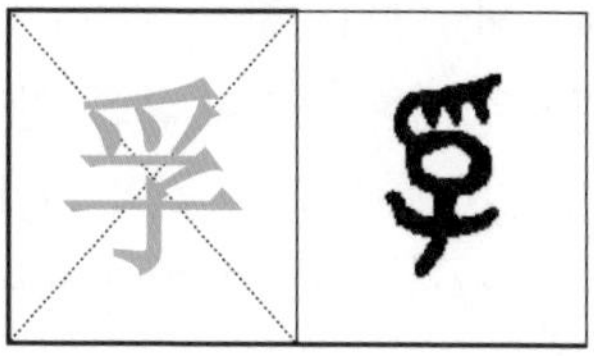

fú

부(孚)자의 갑골문인 는 한쪽 손인 로 어린 아이의 머리를 잡고 있는 모습이다. 금문 자형❶은 기본적으로 갑골문에서 거의 변하지 않았고, 우(又)자, 즉 손 부분이 조(爪)자로 바뀌었을 뿐이다.

이 글자의 뜻은 '포로'인데, 갑골문에서도 길인 을 추가하여 나 로 쓴 것도 있다. 이것은 초기 자형이어서 후에 나오는 금문에는 나타나지 않는다.

길에서 아이가 손에 잡혀 있다는 것은 잡혀 있는 아이가 노예라는 것을 가리킨다. 『설문해자』에서는 "부()는 알이 부화하는 것으로 조(爪)와 자(子)로 구성되었다. 믿는다는 의미도 있다. 는 부(孚)의 고문체인데 보(呆)로 구성되었다. 보(呆)는 보(保)의 고문체로, 보(保) 역시 소리부이다.(, 卵即孚也. 从爪·子. 一曰信也. , 古文孚从呆. 呆, 古文保. 保亦聲.)"라고 하고, 또 "부()는 전쟁의 포로이다. 인(人)이 의미부이고 부(孚)가 소리부이다. 『춘추전(春秋傳)』에 '포로라고 생각한다'라고 하였다.(, 軍所獲也. 从人, 孚聲. 春秋傳曰 : 以為俘馘.)"라고 하였다. 『설문해자』에서 말한 부(孚)자의 유래와 의미는 모두 잘못되었다. 『다우정(多友鼎)』과 『사원정(師袁鼎)』에서 모두 부(孚)자가 '사로잡힌 전쟁 포로'라는 뜻임을 분명히 밝혔다.

❶

부(孚)자의 초기 갑골문 자형인 ♙와 ♙는 사건이 전쟁터가 아닌 길에서 발생했음을 나타낸다. 『주역(周易)·수괘(隨卦)』에서 "길에 부(孚)가 있다.(有孚在道.)"라는 구절이 있는데 노예가 길에서 일하는 것이 흔한 일이었음을 나타낸다. 『주역』은 서주 초기의 작품으로 전쟁 후 많은 수의 죄인과 노예를 사용하여 노역에 종사하도록 한 것은 당시 보편적인 일이었다. 어린 아이는 저항할 힘이 없어, 밧줄로 묶지 않아도 안심하고 일을 시킬 수 있고 도망갈 것에 많이 대비할 필요가 없다. 어린 아이 포로는 비교적 쉽게 세뇌되어 주인에게 충성하기 때문에 부(孚)자는 '믿다'라는 뜻으로 의미가 확장되었다.

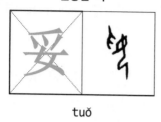

043

온당할 타

tuǒ

갑골문에서 타(妥)자❶는 한 손으로 여성을 제압하는 모습이다. 이 글자는 구조가 매우 분명하기 때문에 자형이 원래의 구조를 계속 유지해 금문 역시 ❷와 같다.

『설문해자』에서 "타(妥)는 편안하다는 뜻이다. 조(爪)와 여(女)로 구성되었다. 타(妥)와 안(安)은 같은 뜻이다.(妥, 安也. 从爪·女. 妥與安同意.)"라고 하였는데 타(妥)자의 뜻을 '편안하다'라고 한 것은 옳지 않다.

갑골문의 안(安)자❸는 여성이 방에 있는 모습이다. 고대 여성은 사회 활동에 참여하지 않고 필요할 때만 밖으로 외출하였다. 밖에 나가 얼굴을 드러내면 위험에 처할 수 있기 때문에 집에서만 편안히 쉴 수 있었다.

❶

❷　　　　　　　❸

상나라의 갑골문에서 타(妥)자는 제사의 공물 중 하나로, 어떤 사람들은 이 글자가 노(奴)자이고, 뜻은 '여성 죄인'으로 '제사의 희생물'이라고 생각한다.

구조상 타(妥)와 노(奴)(갑골문 𦰩, 𦰩, 𦰩, 금문 𦰩, 𦰩, 𦰩)는 모두 손으로 여성을 제압하는 모습을 표현하였다. 원래는 조(爪)로 구성된 것과 우(又)로 구성된 것이 같았지만 후에 구분되어 타(妥)자와 노(奴)자가 되었다.

『설문해자』에서는 "노(𦰩)는 노예로, 모두 옛날에 죄인이었다.『주례(周禮)』에서 '노예는 남자는 고예(皐隸)로 들어가고, 여자는 용고(春稿)에 들어간다.'라고 하였다. 여(女)와 우(又)로 구성되었다. 𦰩는 노(奴)의 고문체이다.(𦰩, 奴婢皆古皐人. 周禮曰 : 其奴, 男子入于皐隸, 女子入于春稿. 从女·又. 𦰩, 古文奴.)"라고 하여 바르게 해석하였다. 그러나 갑골문의 타(妥)자와 노(奴)자는 같은 글자이고 의미도 같다. 그러므로 타(妥)자는 '포로'라는 의미에서 왔다고 보는 것이 적절하다. 타(妥)자를 '편안하다'고 해석하는 것은 약탈자의 행위를 미화하기 위한 것일 수 있다.

『맹자』는 『상서(尚書)』의 산실된 글을 인용하여 "신하로 복종하지 않는 바가 있어 무왕이 동쪽으로 정벌해 그 곳의 남녀를 편안하게 하였다.(有攸不惟臣, 東征, 綏厥士女.)"라고 주공을 이야기한다.『설문해자』에서는 수(綏)자를 해석하면서, "수(綏)는 수레의 손잡이이다. 사(糸)로 구성되었고, 또 타(妥)로 구성되었다.(綏, 車中把也. 从糸从妥.)"라고 하였다. 수(綏)의 뜻을 밧줄로 보는데, "그 곳의 남녀를 편안하도록 하였다(綏厥士女)"라는 의미는 『사원정(師袁鼎)』의 명문인 "말로 남녀와 소와 양을 몰아내고 좋은 청동기를 약탈하였다.(驅孚士女·牛羊, 孚吉金)"로 '전쟁의 승리자가 자원을 약탈한다는 뜻임을 증명할 수 있다. 그러나 주공이 인자한 통치자라고 말하기 위해서 동쪽 정벌은 동이의 일반 백성을 안정시키고 이들을 폭정에서

구해내기 위한 것이라고 하였다. 그래서 『대서본 설문(大徐本說文)』의 서개 (徐鍇)는 "『예』에서 수레를 탈 때에는 반드시 바로 서서 끈을 잡아야 안정 된다."라고 완곡하게 해석하였다. 마땅히 조(爪)로 구성되었고, 안(安)의 생 략된 모습으로 구성되었다.(『禮』: 升車必正立, 執綏所以安也. 當从爪从安 省.)"라고 하였다. 갑골문의 자형과 의미에서 본다면 억압이야말로 타(妥)자 의 본래 의미이다.

044 **어찌 해**

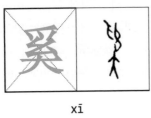

xī

여성은 체력과 저항능력이 남성보다 약하기 때문에 밧줄로 묶지 않고 손으로 잡는 것이 적절하다. 만약 성인 남성이라면 밧줄이나 다른 물건으로 저항하지 못하게 해야 한다.

갑골문의 해(奚)자❶는 성인 남성 혹은 여성의 머리 위에 밧줄이 묶여 있고 어떤 손이 그것을 잡고 있는 모습이다. 금문 자형❷은 붙잡는 손이 없는 것이 초기 자형이다.

옛날에는 죄인을 노예로 삼고 노역을 시켰다. 만약 죄인이 순종하지 않으면 죄인 머리 위의 줄을 틀어쥐기만 하면 죄인이 호흡을 제대로 할 수 없어 저항하기 어려웠다. 이런 방식은 대부분 남성 대상으로 사용하기 때문에 여성을 옭아매는 자형은 나타나지 않는다. 『설문해자』에서 "해(奚)는 배가 큰 것이다. 대(大)가 의미부이고, 계(𢇇)의 생략된 모습이 소리부이다. 계(𢇇)는 계(系)의 대전체이다.(奚, 大腹也. 从大, 𢇇省聲. 𢇇, 籒文系.)"라고 했는데, 해(奚)자의 소리부가 계(系)자의 생략된 모습이라고 한 주장은 완전히 잘못되었다. 그리고 '배가 크다'고 해석한 것도 잘못되었다.

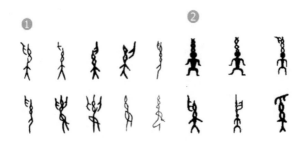

045 　잡을 집

zhí

옛날 사람들은 죄인을 견제할 때 밧줄을 사용했을 뿐만 아니라 다른 형구도 추가로 사용하였다. 갑골문에서 집(執)자는 ❶처럼 죄인이 두 손으로 형구를 받는 모양이다.

　132쪽 그림처럼 머리와 손도 함께 묶인 🦴도 나타난다. 금문의 많은 자형은 ❷처럼 머리가 묶인 자형이 없어지고 두 손도 형구에서 빠져나왔다. 『설문해자』에서 "집(報)은 죄인을 잡는 것이다. 극(丮)과 엽(幸)으로 구성되었는데 엽(幸)은 소리부도 겸한다.(報, 捕辠人也. 从丮幸, 幸亦聲.)"라고 하였다. 집(執)자를 형성으로 분석한 것은 글자 전체가 하나의 그림임을 모르기 때문이다.

❶

❷

▎상나라, 손에 수갑을 찬 도기 인형.

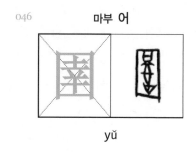

046

마부 어

yǔ

상나라 복사에는 점치는 이가 죄인이 탈옥한 일에 대해서 묻는 것이 몇 차례 나온다. 이를 보면 탈옥 역시 중대한 사건이었음을 알 수 있다. 감옥은 죄인이 도망치는 것을 방지하기 위해 가둬두는 곳이었다.

갑골문에서 어(圉)자❶는 바로 두 손이 형구에 묶인 죄수가 감옥에 갇힌 모습이다. 혹은 감옥 안에 형구가 있는 모습이기도 하다. 금문에서는 간화된 자형인 圉만 있다.

『설문해자』에서 "어(圉)는 감옥으로, 죄인을 구속하는 곳이다. 위(囗)와 행(幸)으로 구성되었다. 어떤 이는 어(圉)를 드리운다고 하고, 어떤 이는 어인(圉人)을 마부라고 하였다.(圉, 囹圉, 所以拘辠人. 从囗·幸. 一曰: 圉, 垂也. 一曰 : 圉人, 掌馬者.)"라고 하였는데 이 해석은 옳다.

❶

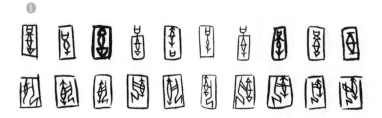

갑골문에는 ❷와 같이 또 다른 자형이 있는데 다리가 형구에 묶인 모습이다. 의미는 집(執)자와 차이가 없고 표현 방법이 조금 다를 뿐이다. 『설문해자』에서는 "첩(𡕥)은 발이 걸린 것이다. 족(足)이 의미부이고 집(執)이 소리부이다.(𡕥, 𡏡足也. 从足, 執聲.)"라고 하여 이 글자가 이미 형성자로 변했음을 알 수 있다.

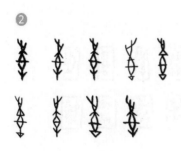

❷

047
갚을 보

報

bào

048
칠 주

鼁

zhū

죄인을 줄로 묶는 것과 관련된 글자는 몇 개가 더 있다. 갑골문에서 보(報)자는 ❶과 같고 금문은 ❷와 같다. 보(報)자의 유래는 한 손으로 형틀에 묶인 채 무릎을 꿇은 범인을 제압하는 것이다. 이 때문에 보(報)자는 상부에 범인이 잡혔다고 보고하는 데서 왔다고 추측할 수 있다.

『설문해자』에 "보(報)는 죄인을 벌주는 것이다. 엽(卒)과 복(艮)으로 구성되었다. 복(艮)은 죄인을 복종시키는 것이다.(報, 當辠人也. 从卒艮. 艮, 服辠也)"라고 하였다. 이때는 자형이 이미 두 부분으로 분리되었기 때문에 허신의 자형 분석 역시 정확하지 않다.

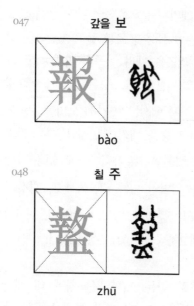

금문에는 주(盝)자❸도 있는데 세 개의 부분으로 구성된다. 왼쪽 윗부분은 형구 모양이고, 오른쪽 윗부분은 손에 몽둥이(攵)를 들고 있는 것이고 아랫부분은 그릇이다. 이것은 몽둥이로 죄인을 때려 피를 흘리게 하고 그 피를 그릇에 받는다는 뜻을 표현하고 있는데 글자를 만든 방식이 비교적 자주 보이는 달(撻)자와 유사하다. 『설문해자』에서는 "달(㯻)은 마을 사람들이 술을 마실 때 불경한 사람은 처벌하고 등을 채찍으로 때렸다. 수(手)가 의미부이고 달(達)이 소리부이다. 㯻은 달(撻)의 고문체이다. 『주서(周書)』에서 '채찍으로 때려 이를 기억하게 한다'는 말이 있다.(㯻, 鄕飮酒, 罰不敬, 撻其背. 从手達聲. 㯻, 古文撻『周書』曰 : 遷以記之.)"라고 하였다. 죄인의 등에 채찍질하는 것이 이 글자가 나타내고자 하는 중요 포인트이다.

전국 시대의 조나라는 종종 청동으로 만든 피(鈹)라는 창에 네 개의 관직, 즉 상방(相邦), 사구(司寇), 공사(攻師), 그리고 가장 아래 등급의 야모달제(冶某撻齊)를 포함한 명문을 새겼다. 달제(撻齊)는 청동으로 만든 무기를 두드리고 제련하여 더욱 단단하고 날카롭게 한다는 뜻이다.

주(盝)자의 세 번째 부분은 명(皿)인데, 이 그릇은 매를 맞은 죄인이 흘리는 피를 모으는데 쓰였다. 왜 죄인의 피를 모았는지 현재로서는 아직 불분명하다. 아마도 피를 모아서 제사에 공물로 바치려고 했을지도 모른다. 갑골문 복사에는 피로 제사를 지내는 사례가 있다.

❸

『설문해자』에서 "주()는 때리는 것이다. 엽(㚔)과 복(攴)으로 구성되었다. 피를 보는 것이다. 부풍(扶風)에 주질현(盩厔縣)이 있다.(, 引擊也. 从㚔攴, 見血也. 扶風有盩厔縣.)"라고 하여 이 글자 자형을 남겨두었다. 금문의 주(盩)자에는 ④와 같이 줄인 가 더해져 복잡해진 자형이 있다. 『설문해자』에 "주()는 어그러졌다는 뜻이다. 현(弦)의 생략된 모습으로 구성되었고, 또 주(盩)로 구성되었다. 주(盩)는 얽혀 어지럽게 한다는 뜻이다. 여(戾)와 같이 읽는다.(, 弼戾也. 从弦省从盩. 盩, 了戾之也. 讀若戾.)"라고 하였다. 사실 이 두 글자는 같은 글자이다. 죄인은 밧줄에 묶이고 기구나 수갑에 의해 행동을 제한받았을 뿐만 아니라 피를 흘릴 정도로 채찍질 당하였다. 지배계층이 죄인을 진압하기 위해 매우 거친 수단을 사용했었음을 상상해볼 수 있다.

④

049 　物을 신

訊

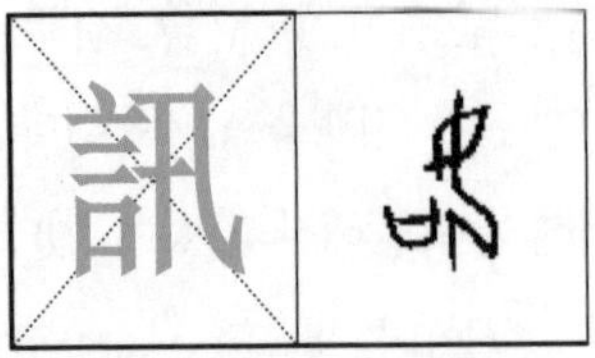

xùn

갑골문에서 신(訊)자❶는 두 개의 자형이 있는데, 하나는 🦮로, 두 손이 뒤로 묶인 사람과 취조 받는 입이 그려진 모습이고, '심문하다'라는 뜻이 있다.

　다른 하나는 🦮로, 무릎을 꿇고 앉아 있는 사람 뒤에 밧줄이 있어 죄인의 모습을 표현하고 있다. 앞에 입이 심문하고 있는 모습이므로 '심문한다'는 의미가 있다. 아마도 첫 번째 자형과 여(如)자인 🦮의 자형을 서로 혼동하기 쉬워서 더욱 명확히 구별하기 위하여 묶은 줄을 추가로 그렸을 것이다. 금문의 신(訊)자는, ❷와 같이 상나라 말기의 자형을 계승한 것으로, 죄인의 하반신에 발 부호를 붙여 자형이 매우 복잡하게 느껴지도록 했다. 사실 복잡해보이지만 해설을 들으면 바로 이것이 어떤 의미인지 알 수 있다.

❶　　　　　　　　❷

이 글자를 분석하는 데는 청동기 명문과 후대 문헌의 대조가 도움이 된다. '집신(執訊)'이라는 단어는 전쟁할 때 포로를 생포한다는 의미로 청동기 명문에 자주 나타나고 문헌에도 이 단어가 나온다. 자형을 다시 고찰해보면 신(訊)자도 확실히 포로를 심문한다는 의미를 나타낼 수 있기 때문에 이 글자 자형은 의심할 필요도 없이 신(訊)자이다. 소전으로 변화하면서 이 글자는 형성자 구조가 되었다.

『설문해자』에서 "신(訊)은 묻는다는 뜻이다. 언(言)이 의미부이고, 신(卂)이 소리부이다. 殖는 신(訊)의 고문체이며, 서(卥)로 구성되었다.(訊, 問也. 从言, 卂聲. 殖, 古文訊, 从卥.)"라고 하였다. 수록된 고문자 자형은 어디에서 유래하였는지 알 수 없고 금문 자형과 차이가 매우 크다.

050

공경할 경

jìng

금문에서는 경(敬)자❶가 자주 사용된다. 가장 간단한 자형은 사람의 머리에 특수한 형상이 있는 ❨이고, 그 다음은 몽둥이를 들고 사람을 뒤에서 때리는 모습인 ❨이며, 가장 복잡한 자형은 사람 앞에 입이 있는 모습인 ❨으로, 때로는 범인의 모습을 ❨과 같이 생략하기도 한다.

보(報)자와 신(訊)자의 자형을 이해하면 경(敬)자도 몽둥이로 때리고 범인을 심문한다는 뜻임을 이해할 수 있다. 『설문해자』에서 "경(敬)은 공경한다는 뜻이다. 복(攴)과 구(苟)로 구성되었다. 구(苟)는 스스로 급히 삼간다는 뜻이다.(敬, 肅也. 从攴苟. 苟, 自急敕也)"라고 하였다. 본래의 의미는 아마도 경고였는데 후에 '존경', '예우'의 의미로 가차되었을 것이다.

이 글자는 원래 귀족인 범법자에 대한 일종의 경고였을 것이다. 이 사람의 머리에 있는 특별한 모양은 대개 일반 민중이나 범죄자가 아닌 귀족 범죄자에 대한 사면 방식 중 하나이다. 자세한 논의는 다음에 하도록 한다.

❶

제7부

형벌

생산성이 낮은 시대에는 농부가 단지 자신이 필요한 만큼 생산할 수 있을 뿐, 다른 사람에게 제공할 여분이 거의 없었다. 당시 전쟁의 승자는 땅을 점령하고 재물을 약탈하고 적을 죽이거나 멀리 쫓아내 적을 노동력으로 쓸 생각은 하지 못했다.

생산 방법이 점점 발전하여 개인의 생산량이 다른 사람의 수요에 대응할 여력이 생기자, 점차 포로를 노동력으로 활용하기 시작했다. 무덤에 순장한 사람 수의 변화는 노예를 어떻게 이용했는지를 반영한다. 전기의 무덤에는 순장한 사람의 수가 많았고 이 중 성인 남자가 많았다. 후기의 무덤에서는 순장한 사람의 수가 줄어들었고 순장한 사람의 많은 수가 소년과 어린이였다. 이는 노동력 가치 개념의 변화를 반영한 것으로 생산을 위해 청장년 남성을 남겨둔 것이다.

상나라가 노예를 관리하는 방법은 주나라의 방법을 통해 일부 알 수 있다. 주나라는 상나라의 포로에 대해, 한편으로는 엄격한 형벌로 위협을 가하고, 다른 한편으로는 위로하며, 노예의 업무 의욕을 높여 기대한 생산 효과를 얻었다.

주나라가 상나라의 포로를 관대하게 대하는 예는 『상서(尚書)·주고(酒誥)』에 나타난다. 주공(周公)은 어린 강숙(康叔)에게 만약 상나라 유족의 포로가 모여서 술을 마시다 규칙을 어기면 일단 먼저 규칙을 일깨워주고 몇 번을 말려도 고치지 않으면 그때 형벌에 처할 수 있다고 알려준다. 그러나 만약 주나라의 백성이 같은 규칙을 어겼다면 불쌍히 여기지 않고 사형에 처했다. 상나라 사람들이 포로를 대하는 방법도 비슷했을 것이다.

주나라가 상나라를 물리친 후에는 모든 사람들을 노예로 삼은 것은 아니며 기존 관리 체계를 대부분 유지하였지만 이전의 지배 계급은 자신의 통제 하에 두었다. 일부 상나라 포로들은 먼 곳에 보내져 주인을 위해 장사하여 돈을 벌었다. 문헌을 통해서도 상나라 사람들이 이러한 조치를 당했다는 것을 알 수 있다.

051

신하 신

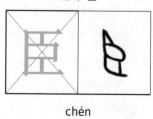

chén

신(臣)❶의 갑골문은 세로로 선 눈의 모습을 하고 있다. 정상적인 눈은 눕혀진 ◪과 같은 모양인데 여기에서 방향을 ◩과 같이 바꾼 것은 글자를 만든 사람이 특별히 의도한 바가 있는 것이다.

눈은 머리에서 가장 민첩하고 중요한 기관이다. 초기의 글자들은 눈으로 머리를, 심지어 전신을 나타내기도 했다. 세로로 선 눈은 고개를 들어 위를 올려다 볼 때의 눈이다. 그래서 망(望)자의 갑골문❷은 사람의 눈을 세로로 그려 고개를 들어 위를 바라보는 모습인 ↗, 혹은 높은 흙더미 위에 서 있는 모습인 ↟으로 나타난다. 지위가 낮은 하급관리들은 머리를 들어야 높은 곳에 있는 고관을 볼 수 있다. 이는 신하나 죄수가 자신보다 신분이나 계급이 높은 사람을 만났을 때 상상되는 눈의 위치로, 죄인이나 하급관리를 나타낸다.

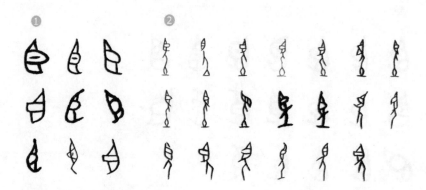

금문에서 신(臣)❸자는 갑골문과 동일한 자형과 의미를 유지하고 있다. 신(臣)은 눈의 형상이 매우 명확하다. 『설문해자』에서는 "신(臣)은 끌어당긴다는 의미이다. 임금을 섬기는 것이다. 구부려 복종하는 모습을 형상화하였다. 신(臣)으로 구성된 글자들은 모두 신(臣)이 의미부이다.(臣, 牽也. 事君者. 象屈服之形. 凡臣之屬皆从臣.)"라고 하였는데, 눈의 방향이 바뀐 것을 밝히지 못하고 사람의 전신을 형상한 것이라고 여겼다.

❸

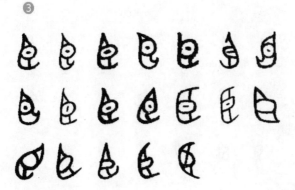

052

어질 현

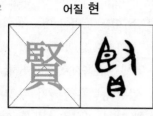

xián

현(賢)자❶의 금문은 네 가지 자형이 나타난다. 이 글자는 패(貝)를 의미부로 하고 있거나(🔲의 아래쪽 목(目)은 패(貝)를 잘못 생략해 쓴 것이다) 자(子)를 의미부로 하는 형성자이다. 의미부인 패(貝)는 돈과 재화가 있음에 중점을 두고 있으며, 의미부인 자(子)는 인재라는 점에 중점을 두고 있다.

『설문해자』에서 "현(賢)은 재능이 많은 것이다. 패(貝)가 의미부이고, 현(臤)이 소리부이다.(賢, 多才也. 从貝, 臤聲.)"라고 하고, 또 "臤은 단단하다는 뜻이다. 우(又)가 의미부이고, 신(臣)이 소리부이다. 현(臤)으로 구성된 글자들은 모두 현(臤)이 의미부이다. 갱장(鏗鏘: 금옥 소리)의 갱(鏗)과 같이 읽는다. 고문에서는 이 글자를 현(賢)자로 여긴다.(臤, 堅也. 从又, 臣聲. 凡臤之屬皆从臤. 讀若鏗鏘之鏗. 古文以爲賢字.)"라고 하였다.

현(臤)자는 현(賢)의 원시 자형으로, 고문에서 현(賢)자로 쓰였음을 알 수 있다. 『설문해자』은 현(臤)자를 우(又)가 의미부이고 신(臣)이 소리부라고 하였는데, 이는 잘못되었다. 두 글자의 운부가 같지 않아서 형성자의 원칙에 맞지 않기 때문이다. 현(臤)자는 표의자이다. 신(臣)자는 앞에서 언급했다시피 세워진 눈의 모습으로서, 죄인이 높은 사람을 만났을 경우 올려다보는 눈의 위치를 나타냈다.

❶

𦥔 賢 𣪊 𦥑

다시 노(奴)자, 즉 𣪐의 구조를 살펴보면, 여성을 옆에서 한 손으로 제어하는 모양이다. 현(臤)자는 노예를 제어할 수 있는 능력이 있음을 나타낸 것이다. 만약 노예가 생산에 종사하는 것을 효과적으로 관리하려면 반드시 그에 맞는 관리제도가 필요하다. 사람들의 능력을 효율적으로 관리하는 것은 국가 조직의 완성을 촉진시켰다. 개인의 업무 능력은 한계가 있으나 만약 많은 사람들이 물건을 생산하거나 어떠한 대형 공정을 하도록 한다면 사회에 큰 영향을 주어 전체 사회의 역량을 높이고 또 다른 계급 분화의 단계로 나아가도록 할 것이다. 현(賢)자는 고차원적인 능력과 효과를 나타낸다. 능력 있는 조직과 대량의 인력을 통제하여 하나의 일에 종사하도록 한다면 완성된 양은 당연히 크게 증가할 수밖에 없다.

문자는 필획이 적은 의미부가 필획이 많은 의미부를 대체하는 방향으로 변화한다. 그래서 늦게 만들어진 자(子)를 의미부로 하는 현(賢)자가 왜 후대에 전해지지 않았는지 알 수 없다. 아마도 후에 상업이 발달하여 돈 있는 사람의 사회 지위가 높아져서 화폐를 거래한다는 의미의 패(貝)가 현명한 사람의 기준으로 선택되었기 때문일 것이다.

053 　벨슬 환

huàn

환(宦)자의 갑골문인 은 지붕이 있는 감옥에 갇힌 사람의 눈 모양 이다. 죄수가 관리 계급의 사람과 협력하여 자기와 같은 부류의 죄수 를 감시하는 것을 돕고자 한다면 당연히 하급 관리로 채용될 가치가 있다. 환(宦)자는 하급 관리라는 의미가 있는데 이 는 분명 여기서 온 것이다.

　금문의 자형은 조금 변해서 모양인데, 눈의 방향을 의도적으로 세웠 다. 목(目)자는 일반적으로 평평하게 가로 놓인 눈을 나타내는데, 신(臣)자는 사람이 위로 올려다보는 눈이다. 환(宦)자는 죄인이자 하급 관리라는 의미이 니 당연히 세워진 눈인 신(臣)자를 사용하였다. 금문의 환(宦)자는 감옥 부 분이 일반적인 집인 면(宀)자로 바뀌었다. 그래서 『설문해자』에서는 "환(宦) 은 벼슬하다는 뜻이다. 면(宀)과 신(臣)으로 구성되었다.(宦, 仕也. 从宀·臣.)" 라고 하여 환(宦)자가 감옥과 관련 있다는 사실을 파악하지 못했다.

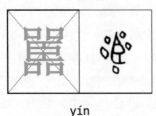

054 어리석을 은

yín

갑골문의 ♨은 신(臣)자 주위에 다섯 개의 동그라미가 있는 모양이다. 이는 알려진 자형 중 은(囂)자와 가장 가깝다.

『설문해자』에서 "은(囂)은 말소리이다. 집(䀠)이 의미부이고, 신(臣)이 소리부이다. ♨은 은(囂)의 고문체이다.(囂, 語聲也. 从䀠, 臣聲. ♨, 古文 囂)"라고 하였다. 여기서 고문자형은 신(臣)자 아래에 임(壬)자가 추가된 형태이다. 임(壬)자는 인(人)자가 변화된 것으로 먼저 몸에 작은 점이 추가되었고 작은 점이 짧은 가로획으로 변해 임(壬)자가 되었다. 이는 문자 변화에서 흔히 나타나는 예이다. 이 자형을 통해 신(臣)자로 사람의 눈을 표현하고 있음을 확실히 알 수 있다.

소전 자형은 신(臣)자 위아래에 각각 구(口)자가 추가된 모양이다. 이 것은 아마도 이 글자의 유래와 관련 있을 것이다. 갑골문 자형도 구(口)자가 너무 많아 쓰기 쉽지 않았다.

은(囂)자는 부정적인 의미를 가지고 있다. 사방에서 노예들이 불평하고 원망하는 시끄러운 소리는 주인을 기분 나쁘게 한다. 그래서 우매하고 완고하며 싸움을 좋아한다는 의미가 있다. 신(臣)은 아랫사람인데 주인은 복종하지 않는 하인을 좋아하지 않기 때문에 이러한 이미지가 부정적 함의를 가진 글자를 만들어졌다.

055

들렐 효

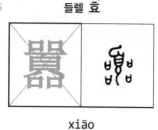

xiāo

은(嚚)자와 비슷한 글자로 효(囂)자가 있다. 금문인 🔲, 🔲는 혈(頁)자의 주위에 네 개의 입이 있는 모습이다. 고문자에서 혈(頁)자는 인(人)의 번체로, 귀족의 형상을 강조하였는데, 귀족의 눈, 심지어 눈썹까지도 묘사하였다.

  귀족이 부하들에게 업무 지시를 내릴 때 신속히 일을 잘하게 하기 위해, 명령을 내리는 목소리는 항상 높고 빠르며 마치 여러 사람이 한 목소리로 말하는 것 같다. 이러한 시끄러운 상황과 어조가 이 글자에 담겨 있다. 귀족은 교양 있는 사람이므로 반드시 조급하지 않은 태도를 유지해야 한다. 귀족은 윗사람에게는 품격을 유지하지만 아랫사람에게는 이미지를 관리하지 않는다. 『설문해자』에서 "효(囂)는 소리이다. 기운이 머리 위로 나오는 모습이다. 집(誩)과 혈(頁)로 구성되었는데, 혈(頁)은 또한 머리이다. 🔲는 효(囂)의 생략된 모습이다.(囂, 聲也. 气出頭上. 从誩頁. 頁亦首也. 🔲, 囂或省.)"라고 하였는데, 귀족들이 턱으로 남을 부리는 특징을 지적하지 않았다.

056

첩 첩

qiè

신(臣)자와 서로 대응하는 글자는 첩(妾)자이다. 신(臣)이 남성 죄인 이라는 뜻이라면 첩(妾)은 여성 죄 인이라는 뜻이다.

첩(妾)자❶의 갑골문은 꿇어앉은 여성인 ⬚이다. 머리 위에 있는 삼각형 같은 기호는 아마 머리 모양을 나타낸 것으로 여성이 이미 결혼한 상태 혹은 기타 특수한 신분임을 나타낸다. 이 글자는 갑골문에서 국왕의 배필을 의미하기도 하는데, 예를 들면 대을석비병(大乙奭妣丙)은 대을첩비병(大乙妾妣丙)이다. 이 사람은 국왕 대을(大乙)의 법정 배필이며, 시호는 을(乙)인 귀부인으로 자손의 제사를 받았다.

그러나 어찌된 일인지 이 글자는 일찍이 제사 때 바치는 희생양의 의미로 사용되기도 했다. 글자를 쓰는 습관 때문에 삼각형 아래에 두 개의 작은 사선이 추가되어 마치 신(辛)자처럼 보인다.

갑골문에서 신(辛)자의 자형인 ⬚나 ⬚은 죄인임을 표시하기 위한 문신 도구이다. 얼굴의 문신은 죄인의 표식이어서 보통 첩은 여성 죄인이라는 뜻으로 만들었다고 여겨졌다.

❶

금문 시기에 이르러 이 글자의 자형은 ❷와 같이 여성 위에 신(辛)자가 있는 모양으로 정형화되었고 의미도 모두 신첩 등 낮은 직위에 있는 사람을 가리켰다. 『설문해자』도 다음과 같이 죄인이라고 해석하였다. "첩(妾)은 죄가 있는 여자로, 군주를 위해 할 일을 받아 그와 접촉하는 자이다. 辛와 여(女)로 구성되었다. 춘추전(春秋傳)에 '여자가 첩이 되면 혼례의 예식을 하지 않는다.'라고 하였다.(妾, 有辠女子給事之得接於君者. 从辛女. 春秋傳云 : 女爲人妾. 妾, 不娉也.)"

❷

𡚣 𡚣 𡚣

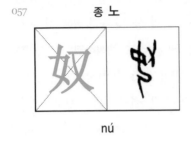

057 　종 노

奴

nú

노(奴)자❶의 갑골문은 한 여성 옆에 손이 있는 모양으로, 대체로 다른 사람의 통제를 받는 여성을 의미한다. 타(妥)자인 ❀와는 단지 손의 모양과 위치가 조금 다를 뿐이다. 타(妥)자는 발톱을 아래로 내리 누르는 것이고, 노(奴)자는 옆에서 통제하는 것이다.

　금문❷과 소전은 대체로 같은 자형을 유지하였다. 『설문해자』에서 "노(𡗹)는 노(奴)와 비(婢)가 모두 옛날에 죄인을 뜻했다. 주례에서 '그 죄인들을 남자는 죄례(辠隸)로 보내고 여자는 용고(舂稿)로 보냈다.'고 하였다. 여(女)와 우(又)로 구성되었다. 𢍺는 노(奴)의 고문체이다.(𡗹, 奴婢皆古辠人. 周禮曰：其奴, 男子入于辠隸, 女子入于舂稿. 从女·又. 𢍺, 古文奴.)"라고 하였는데, 왜 여(女)자와 우(又)자가 결합해서 만들어졌는지 해석하지 않았다. 아마도 여성 죄인이라는 뜻이 있었기 때문일 것이다.

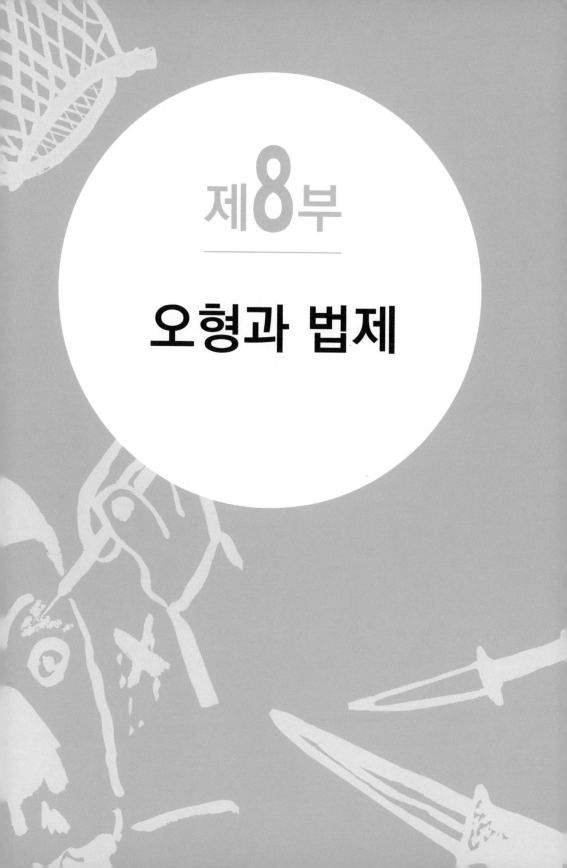

제**8**부

오형과 법제

인간은 체력에 한계가 있어서 여럿이 힘을 합쳐야 동식물과 자연 자원을 두고 다툴 수 있다. 개인은 무리에서 떨어져 혼자 생활하기 어렵다. 개인이 홀로 생활할 수 없다면 최소한 공동체의 일원으로 일정한 생활 습관과 규칙에 따르고 생활의 평화와 안녕을 유지하며 분쟁과 싸움을 일으키지 않아야 한다.

이처럼 사람들이 모두 따르고 예측 가능한 행동 규칙이 바로 법률이다. 법은 형벌과 상부상조하여야 상호제어의 목적을 이룰 수 있다. 벌은 법을 유지하고 순조롭게 시행하도록 하는 수단이다. 만약 누군가의 행위가 사회가 허용할 수 있는 범위를 넘어선다면 벌을 주어 다른 위반할 가능성이 있는 사람에게 하지 못하게 겁을 주어야 한다.

처벌은 본래 자신의 종족 사람들을 위해 만들어진 것으로 모든 구성원에게 예외 없이 적용된다. 먼 옛날, 사람들은 사회의 단위가 작아서 구성원에 친족이 많았기 때문에 자신의 친지들에게 최대한 관용을 베풀었을 것이다. 이 때문에 그 때의 처벌은 단순히 어떠한 활동에 참가할 권리를 박탈하거나 잠시 구금하거나 약간의 육체적인 고통을 가했을 뿐이다. 가장 엄한 벌이 무리 밖으로 쫓아내 홀로 적의가 가득한 짐승이나 이민족들에게 보호받지 못하게 하는 것이었을 뿐, 종족의 몸을 다치게 하거나 영구적인 육체적 상처를 남기는 처벌은 거의 없었다.

사회가 발전하고 조직이 확대됨에 따라 함께 생활하는 사람은 갈수록 많아지고 친족 관계 역시 점차 희미해졌다. 법규도 짐점 복삽해지고 세재도 날로 엄격해졌다. 특히 도구가 개량되면서 생산 효율이 높아졌고, 개인의 생산 소득은 다른 사람의 수요에 대응할 여력이 생겼다. 이로 인해 사람들은 점차 포로를 만들어 생산과 부의 창출에 종사하게 할 생각을 갖게 되었다. 포로로 잡혀 온 이민족은 당연히 그들의 법칙에 복종해야 했으며, 만약 지키지 않으면 자비 없이 엄하게 처벌받았다.

사람들은 실질적인 경제 이익을 중시하기 때문에 업무 능력을 심각하게 저해하지 않으면서 영구적인 육체적 상처를 남기는 방법을 생각해 냈다. 또 이를 대중에게 보여줌으로써 겁을 주는 효과를 거두었다.

권위가 확립되고 노예를 사용하면서 사회 형벌은 더욱 엄격하게 강화되었다. 법은 강자가 약자에 가하는 규정이 되었다. 다수의 법은 원래 이민족에게 적용하는 엄격한 형벌이었지만, 점차 자신의 민족에게도 사용하게 되었다.

용산(龍山) 문화 시대에는 정강이를 절단하는 월형을 받은 죄수를 장사지낸 묘가 있는데, 당시 사회 관리가 엄격했음을 반영한다. 고고학적 증거도 당시 국가 조직이 이러한 분위기를 가지기 시작했음을 반영한다. 국가의 건립과 엄격한 형벌 추진이 서로 연관되어 있음을 알 수 있다.

형벌을 사용하는 것은 사회 발전의 필연적인 추세이다. 법(法)자는 원래 자형이 灋 , 灋 인데, 해태가 판결을 도와주고 법을 어긴 사람에게 머리를 대는 것에서 유래되었다. 그러나 법은 모든 사람에게 평등하며 이는 마치 물이 영원히 평평함을 유지하는 것과 같다. 이러한 생각은 매우 진보적인 것으로 분명 나중에야 생겼을 것이다.('法'자에 대해서는 『유래를 품은 한자』 제1권 동물편 89쪽을 참고.)

058 죄 벌

fá

금문의 벌(罰)자❶는 세 부분으로 구성되어 있다. 🅗는 망을, ⺈는 칼을, 🅨는 긴 나팔의 모양을 본 따 '여론'이라는 의미의 부호를 만들었다.

『설문해자』에서는 "벌(🅡)은 죄 중 작은 것이다. 도(刀)와 리(詈)로 구성되었다. 칼로 해치지 않더라도 칼을 들고 욕하면 벌을 받는다.(🅡, 辠之小者. 从刀詈. 未以刀有所賊, 但持刀罵詈則應罰.)"라고 했는데, 이 글자는 심각하지 않은 작은 잘못을 저질렀다는 의미이다.

이 글자는 형성자가 아니라 세 개의 구성 성분이 모두 필요한 의미를 나타낸다. 언(言)은 나팔을 본 딴 것이다. 나팔은 정부가 새로운 정책을 반포할 때, 대중이 앞으로 와서 들도록 호소하는 도구로 사용되며 신중히 생각한 다음에 말하는 것을 나타낸다. 칼은 사람을 다치게 하는 도구이고, 망은 들짐승을 잡는 도구이다. 세 개의 구성 성분을 조합하면 칼로 사람을 해치거나, 혹은 (정식으로 대중 앞에서) 말로 사람을 다치게 하는 것을 표현할 수 있는데, 이러한 죄는 모두 붙잡혀 처벌을 받아야 한다.

『설문해자』의 해석처럼은 아니겠지만, 칼을 들고 욕설을 퍼붓는 사람은 비록 실질적인 상해를 입히지 않더라도 처벌을 받아야 한다.

❶

罰 罰 罰 罰 罰 罰 罰 罰

059 백성 민

mín

갑골문의 일부 자형에서는, 적어도 눈을 찌르거나 코를 자르거나 정강이를 자르거나, 거세하거나 사형을 하는 등의 육형(肉刑)을 추론할 수 있다.

징벌로 전투 능력이 있는 포로나 노예를 통제하여 그들의 반항 능력을 억제하는 것은 가장 중요한 일이다. 그러나 이로 인해 그들의 생산능력이 손상되는 것이 징벌의 목적은 아니다.

죄인의 한 쪽 눈을 찌르는 것은 고대의 각 민족들이 자주 사용하던 방법이다. 한 쪽 눈의 시력은 두 눈에 비해 시야가 넓지 않아 전투력은 크게 떨어지지만 업무 생산 능력은 감소하지 않는다. 장(臧)자는 臣처럼 세워진 한 쪽 눈이 무기에 찔리는 모습(제50쪽 참조)이다. 한 쪽 눈이 먼 포로는 반항할 능력이 크게 없고 주인의 뜻에 순종하게 된다. 주인에게 노예의 미덕은 바로 순종이기 때문에, 장(臧)자에는 '노예'와 '선량함'이라는 두 가지 의미가 있다.

장(臧)자와 같은 유래를 가진 글자로 민(民)자가 있다. 갑골문에서 민(民)자❶는 한 쪽 눈을 예리한 바늘에 찔린 모습이다. 바늘에 찔린 눈은 아예 보이지 않거나 물건을 정확히 볼 수 없다. 이는 죄인에게 가하는 형벌이다. 민(民)은 본래 죄가 있는 사람을 의미했으나 후에 전용되어 거느리는 평민 대중을 나타내게 되었다.

❶

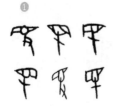

    금문의 민(民)자❷는 바늘 모양이 변화했다. 후대의 자형은 바늘이 눈을 찌르는 모습이 전혀 나타나지 않는다. 그래서 『설문해자』에서는   "민(民)은 백성이다. 고문체 자형에서 비롯되었다. 민(民)으로 구성된 글자들은 모두 민(民)이 의미부이다. 웨은 민(民)의 고문체이다.(民, 衆萌也. 从古文之象. 凡民之屬皆从民. 웨, 古文民.)"라고 하여 민(民)자 자형의 의미를 해석하지 않았다. '백성이다'라고 한 것이 자형의 유래를 설명한 것으로 보이는데, 민(民)자의 유래가 고문의 자형, 즉 풀들이 돋아 어지러운 모습에서 나왔다고 하여, '눈' 혹은 '죄인'이라는 핵심은 전혀 언급하지 않았다.

060	아이 동
	童 (seal form)
tóng	

tóng

061	소경 완
	睯 (seal form)

yuān

금문의 동(童)자❶는 날카로운 바늘에 눈을 찔린 모습에 소리부인 ♦ 모양의 동(東)자가 있다. 동(東)자는 물건을 담은 큰 자루의 형상이다. 금문 자형은 소리부의 동(東)자와 눈이 겹쳐져 ♦과 같은 자형이 되었다. 동(東)자의 맨 아래 부분에도 변화가 일어나 토(土)자처럼 변했다.

그래서 『설문해자』에서는 동(童)에 대해, "남자 죄인은 노(奴)라고 하는데 노(奴)는 동(童)이다. 여자는 첩(妾)이라고 한다. 辛가 의미부이고, 중(重)의 생략된 모습이 소리부이다. ♦는 동(童)의 주문체이다. 중(中)과 절(竊)은 모두 廿(입)으로 구성되었다. 입(廿)은 질(疾)의 고문체와 같아 보인다.(♦, 男有辠曰奴, 奴曰童, 女曰妾. 从辛, 重省聲. ♦, 籀文童, 中與竊中同从廿. 廿, 以為古文疾字.)"라고 하였다. 글자에 눈 모양이 있는 것을 전혀 알아채지 못하고 동(童)자가 중(重)의 생략된 모습을 소리부로 한 글자에서 왔다고 생각했다.

❶

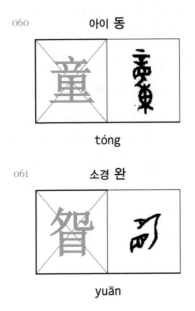

날카로운 바늘로 눈을 찌르는 것은 남자 노예에게 가하는 형벌이었기 때문에 동(童)자에 남자 노예라는 의미가 있다. 이후 아동이라는 의미로 가차되었는데, 아동이라는 의미와 구별하기 위해 동(童)자에다 사람을 뜻하는 의미부를 더해 동(僮)이라는 형성자가 만들어졌다. 금문에서는 입(立)자가 더해진 글자도 있지만 후대엔 사용되지 않았다.

중국 상나라 때뿐만 아니라 일본에서도 외눈인 사람을 깊은 산 속에 보내 채굴과 야금 일을 시키는 전통이 있었다. 또한 시체의 한 쪽 눈을 훼손하는 풍습도 있었는데, 이러한 풍습은 사람을 제물로 제사를 지내는 관습에서 온 것이라고 한다. 그러나 이는 외눈인 사람을 그렇게 했다기보다는 죄수를 보내던 데서 근원했을 것이다. 갑골문에서 완(睧)자 ❷는 한 쪽 눈과 한 쪽 눈을 파내는 도구가 조합된 형태로 되었는데, 한 쪽 눈을 도려내는 형벌을 받은 후 시각이 나빠졌다는 의미를 나타낸다. 사람이 형벌을 받으면 마음에 원한이 생기는 것이 당연하므로 원(怨)이라는 글자가 생겼다.

『설문해자』에서 "완(睧)은 눈에 밝음이 없는 것이다. 목(目)이 의미부이고, 원(夗)이 소리부이다. 위(委)와 같이 읽는다.(睧, 目無明也. 从目, 夗聲. 讀若委.)"라고 하였는데 이는 아마도 갑골문의 완(睧)자일 것이다. 눈을 도려내는 형구는 부분적으로 눈과 분리되어 원(夗)자 모양이 되어서 형성자로 오해받았다. 한쪽 눈의 시야가 좋지 않아 눈에 밝음이 없다는 의미가 있다.

❷

丽 丽 罗 明

또 완(智)자 위쪽의 원(夗)자가 분리되어, 『설문해자』에서는 원(夗)자의 의미를 "夗은 옆으로 돌아누운 것이다. 석(夕)과 절(卩)로 구성되었다. 와(臥)에는 절(卩)이 있다.(夗, 轉臥也. 从夕·卩. 臥有卩也.)"라고 해석하였다. 사실상 갑골문 자형에서도 볼 수 있듯이 원(夗)자와 침대에 몸을 눕히는 것은 전혀 관계가 없다.

한쪽 눈을 찌르는 행위가 너무 잔인하다고 인식되었는지 혹은 다른 단점이 있어서 그랬는지 알 수 없으나 상나라 이후에는 이러한 형벌이 시행되지 않았다. 눈을 찌르는 형벌 외에 상나라의 다른 육형은 모두 주나라에 이어져 계속 시행되었다.

『상서·여형(呂刑)』에서는 주나라에 소위 오형(五刑)이라고 불리는 형벌 3천 조례가 있다고 하였다. 여기에는 얼굴에 글자를 새기는 묵형이 1천 건, 코를 베는 형벌 역시 1천 건, 정강이를 자르는 형벌이 5백건, 남성의 생식기를 거세하는 형벌이 3백건, 사형이 2백건이다. 눈을 찌르는 형벌은 단순히 자형에서 추론한 것으로 상나라에서 눈을 찌르는 형벌을 시행했는지에 대해 판단할 확실한 증거는 없다. 아마도 이는 더욱 이른 시기의 형벌일 것이다. 그러나 주대의 오형은 모두 그 모습이 고대 문자에 반영되었다.

062

검을 흑

hēi

바늘 끝으로 얼굴에 도안 모양으로 찔러 그 위에 검은 색 염료를 입혀 영원히 죄인임을 나타내는 형벌은 고대에 묵형이라고 불렸다. 이것은 인체에 영구적인 상처를 입히는 가장 경미한 처벌이다.

묵형을 내리는 것은 경범죄를 저지른 자에 대한 경고이자 용서이다. 만약 죄가 묵형을 받을 범위를 벗어나면 몸을 상하게 하는 큰 형벌을 받게 된다.

가슴에 도안을 새기고 붉은 색 염료를 입히는 것은 중국에서 본래 죽음의 의식이다. 대개 통치자는 죄인의 얼굴에 이렇게 영원히 지워지지 않는 흔적을 남기고 흑묵으로 칠하여 죽음을 대신하고 사면을 표했다. 이러한 형벌은 형을 받는 사람의 일하는 능력에 전혀 영향을 끼치지 않으면서 다른 사람들을 겁먹게 하는 경고이기도 했다. 죄가 가벼운 사람에게는 좋은 징벌 방법이다.

금문의 흑(黑)자❶는 사람의 머리(얼굴)에 글자를 새기는 모습이다. 나중에 ❈처럼 몸통의 사방에 작은 몇 개의 점이 더해지는데 이는 의미 없는 장식인지, 아니면 몸에도 문신을 새긴다는 의미인지 알 수 없다.

❶

갑골문에서 인(㷠)자인 <ruby>火</ruby>와 <ruby>火</ruby>은 사람(무당)의 몸에 인을 칠하고 귀신의 모습으로 분장한 모습을 표현하고 있다. 인은 광석의 일종으로 어두운 곳에서 푸른색으로 빛나는 인광이 보인다. 사람의 뼈는 인을 함유하고 있어서 죽은 후에 천천히 뼈의 표면으로 배어 나오는데 죽은 후 몇 해가 지나야 인광이 나타난다. 무당이 이러한 분장을 하고 춤을 추면 묘지에서 인광이 위 아래로 흩날리는 느낌이 난다. 그래서 금문 자형인 <ruby>燊</ruby>와 <ruby>燊</ruby>은 춤추는 것을 나타내는 두 발이 더해졌다.

『설문해자』에서는 "인(粦)은 병사와 시체, 그리고 소와 말의 피를 인(粦)이라고 한다. 인(粦)은 귀신불이다. 염(炎)과 천(舛)으로 구성되었다.(粦, 兵死及牛馬之血爲粦. 粦, 鬼火也. 从炎舛.)"라고 하였다. 사실 죽은 지 여러 해 된 뼈는 모두 인광이 발생하므로 꼭 전투로 사망한 병사일 필요는 없다. 아마도 묵형은 무당의 행위에서 나온 것으로 인을 흑묵으로 바꾸어 죄인의 얼굴에 발랐을 뿐이다. 무늬를 새긴 후 다시 검은 물감을 덧바르면 영원히 사라지지 않아 흑(黑)자로 검은색의 의미를 나타냈다.

청동기 명문에는 얼굴에 흑묵을 새기는 형벌을 언급하는 글자들❷이 있다. 이 글자들은 구조가 복잡해보이지만 분석해보면 별로 어렵지 않다. <ruby>夹</ruby>는 흑(黑)자의 기원이 되는 글자로, 글자가 너무 작아 얼굴 위에 몇 개의 점을 그릴 수 없어 생략하였다. 이 글자는 묵형을 받는 죄인을 나타낸다. <ruby>苗</ruby>는 눈과 눈썹이 있는, 머리 부분을 자세하게 그린 모양이다. 눈을 자세하게 그려내는 것은 귀족의 형상을 나타내는 초기 조자 방법으로, 형벌을 받는 사람이 귀족임을 나타낸다.

❷

<ruby>黥</ruby> <ruby>黥</ruby> <ruby>黥</ruby> <ruby>黥</ruby> <ruby>黥</ruby>

는 한 손에 문신을 새기는 도구를 든 모습으로 귀족의 얼굴에 무늬를 새기는 모습이다.

자세히 보면 이 문신 도구 앞부분에는 두드러진 가는 침 모양이 있는데 이는 후대의 문신 도구와 같다. 이 청동기 명문은 어떤 귀족에게 묵형을 가한다는 것을 나타내기 때문에 귀족의 형상을 사용했다. 흑(黑)자로 나타내는 것은 일반 백성이다. 이 복잡한 자형으로 표현하고자 하는 것은 귀족의 신분이다. 나중에는 이러한 구별이 필요 없다고 생각해서 이 글자를 더 이상 사용하지 않았다.

또 같은 의미의 다른 글자는 귀족의 형상이 로 변했는데, 이는 건물 옥상에 특별한 장식이 있는 것으로 감옥을 표현한 것이 아니라 묵형을 실시하는 관청 소재지를 나타낸 것이다. 그러므로 지붕에 특별한 장식이 있다는 것은 관청이라는 표시이다.

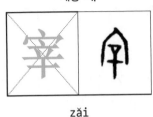

재상 재

zǎi

갑골문에서 재(宰)자❶는 방 안에 문신 도구가 있는 모습이다. 집에서 누군가 처벌하는 권위를 가지고 있다는 뜻이다. 범인에게 형벌을 가하는 권위를 가지고 있다는 뜻에서 '도살', '통제'라는 의미로 확장되었다.

이 글자는 나중에 한 나라의 정사를 총괄하는 최고 관리를 부르는 말로 사용되었다. 이 글자는 금문❷에서 소전까지 자형이 비교적 변화 없이 유지되었다.

『설문해자』에서는 "재(宰)는 죄인이 집 안에서 일을 맡는 것을 의미한다. 면(宀)으로 구성되었고, 또 신(辛)으로 구성되었다. 辛은 죄인이다. (宰, 辠人在屋下執事者. 从宀·从辛. 辛, 辠也)"라고 하여 신(辛)이 죄를 저지른 사람이 집에서 일하는 것이라 생각했는데, 아마도 잘못된 해석한 것이다. 왜냐하면 재(宰)자의 의미가 관리이지 죄인이 아니기 때문이다.

❶   ❷

갑골문에서 신(辛)자❸는 얼굴에 문신을 새기는 칼의 모양이다. 이 글자의 최초 자형은 대개 ▼과 같이 머리가 굵은 뾰족한 바늘 모양으로 자형이 너무 가늘어 뾰족한 물건 옆에 두 획의 사선을 넣어 ▼과 같이 변했다. 나중에 자형 변화에서 흔히 발생하듯, 제일 위 가로획에 짧은 가로획이 더해져 ▼과 같은 자형이 되었다. 글자가 만들어짐에 있어 이 문신 도구는 범죄자와 관련된 의미를 나타낸다. 갑골문에는 신(辛)자로 구성된 글자들이 몇 개 있는데 상나라 혹은 그 전 시기에 이미 묵형이 있었음을 나타낸다. 금문의 신(辛)자❹는 자형이 변하지 않았다.

『설문해자』에서는 "신(平)은 가을에 만물이 무르익고 성숙해지는 것이다. 금은 단단해지고 맛은 매워지며 매운 맛이 심해져 눈물이 난다. 일(一)과 辛으로 구성되었다. 辛은 죄이다. 신(辛)은 경(庚) 다음이고 사람의 허벅지를 본 뜬 것이다. 신(辛)으로 구성된 글자들은 모두 신(辛)이 의미부이다.(平, 秋時萬物成而孰, 金剛味辛, 辛痛即泣出. 从一·辛. 辛, 辠也. 辛承庚, 象人股. 凡辛之屬皆从辛.)"라고 하였는데 신(辛)자가 도구의 모습이라는 것은 전혀 알아채지 못했다.

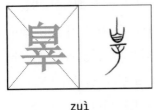

064 **허물 죄**

zuì

금문에서 보기 드문 죄(皋)자인
ꟸ는 무늬를 새기는 도구와 코로
구성되어 있다. 마치 코에 문신하
는 것을 나타내는 것 같지만 코
는 면적이 너무 작아서 코 위의
이마에 문신을 새기는 것을 나타
낸 것이다.

　죄를 지은 사람만이 얼굴에 문신을 받으므로 죄를 짓는다는 의미를
나타내는데 사용한다.

　『설문해자』에서는 "죄(皋)는 법을 어긴 것이다. 신(辛)과 자(自)로 구
성되었다. 죄인이 슬퍼 코가 쓰라리고 매운 것을 나타낸다. 진(秦)나라에
서는 죄(皋)가 황(皇)자와 비슷해서 죄(罪)로 바꾸었다.(皋, 犯法也. 从辛·
自. 言皋人戚鼻苦辛皋恴, 秦以皋似皇字, 改爲罪.)"라고 하였다. 여기서는
코에 문신을 새기는 것이 아니라 죄인의 코가 매운 것을 나타낸다고 억
지로 끼워 맞췄다. 『설문해자』은 후에 죄(皋)자를 쓰지 않게 된 이유를
진시황이 죄(皋)자의 윗부분이 황(皇)자와 닮은 것을 좋아하지 않아 바
꾸게 되었다고 설명하였다.

065 　종 복

pú/pū

갑골문의 🈂️자는 사람이 키 안에 쓰레기를 쏟아 붓는 모습이다. 이러한 잡무에 종사하는 사람은 머리에 죄인을 나타내는 신(辛)이라는 기호가 있고 몸 뒤에 꼬리가 있는데 이는 아마도 지위가 낮은 사람의 복장을 나타낼 것이다.

천한 일은 원래 죄인이 맡아 하는데 후에는 점차 가난한 사람들의 직업으로 변화하였다.

🈂️와 금문의 복(僕)자❶ 모두 대나무로 짠 바구니를 사용해 일하는 모습이다. 이 갑골문 자형은 금문 복(僕)자의 전신으로 여겨진다.

금문의 복(僕)자는 대부분 두 개의 부분으로 이루어져 있다. 왼쪽은 인(人)자로 이 글자가 사람의 일과 관련되어 있음을 나타낸다. 오른쪽은 두 손에 어떤 물건을 들고 있는 것을 표현한 것이 가장 많다. 들고 있는 물건 중 하나는 대나무 바구니인 🈂️ 모양의 치(甾)자이다.

❶

🈂️ 🈂️ 🈂️ 🈂️ 🈂️ 🈂️
🈂️ 🈂️ 🈂️ 🈂️ 🈂️

이 글자의 갑골문 자형❷은 변화가 많은데 가장 초기 자형은 대나무를 엮어서 만든 바구니 모양인 畄이다. 이 후 입구를 닫은 畄 모양이 되었고 그 후에는 교차된 짜임 무늬만 있는 畄가 되었다. 금문 자형❸은 갑골문 자형의 연장선에 있다.

『설문해자』에서는 치(甾)에 대해, "동초(東楚)에서는 부(缶)를 치(甾)라고 한다. 상형이다. 치(甾)로 구성된 글자들은 모두 치(甾)가 의미부이다. 甾는 치(甾)의 고문자이다.(甾, 東楚名缶曰甾. 象形也. 凡甾之屬皆从甾. 甾, 古文甾.)"라고 하였다. 소전은 제법 갑골문의 자형을 보존하고 있는데, 동초지역에서 이름을 붙인 큰 도기라는 뜻이다.

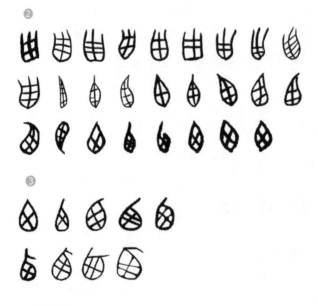

갑골문 자형에서 보면, 이 글자가 나타내고자 하는 것은 분명 부드러운 기물이다. 그러므로 이 글자의 본의는 대나무 조각을 엮은 바구니로 생각된다. 이 글자는 갑골문에서 모두 방향을 나타내는 '서(西)'로 사용된다. 그러나 치(甾)자와 서(西)자는 독음이 같은 운부에 속하지 않으므로 서쪽이라는 의미가 가차된 것은 아닌 것 같다. 그렇다면 왜 서쪽을 바구니로 표현했을까?

『설문해자』에서는 "서(鹵)는 새가 둥지위에 있는 모습으로 상형이다. 해가 서쪽으로 기울면 새가 보금자리로 깃드는데, 이 때문에 동서(東西)의 서(西)로 삼았다. 서(西)로 구성된 글자들은 모두 서(西)가 의미부이다. 㯟는 서(西)의 혹체자로 목(木)과 처(妻)로 구성되었다. ⊗는 서(西)의 고문체이다. ⊗는 서(西)의 주문체이다.(鹵, 鳥在巢上也. 象形. 日在西方而鳥西, 故因以爲東西之西. 凡西之屬皆从西. 㯟, 西或從木·妻. ⊗, 古文西. ⊗, 籕文西.)"라고 하였다. 소전의 자형이 이미 잘못 변화되어 서(棲)자와 같은 글자로 착각하고 둥지에 새가 있는 자형으로 해석하였다. 서(西)자는 갑골문 자형으로 거슬러 올라가면 새가 둥지에 깃 든 모습에서 유래되었다고 보기 어렵다.

금문 복(僕)자는 두 손으로 받쳐 든 자형인 𦥑, 𦥑이 있다. 이 글자들은 손잡이가 있는 대나무 직물을 들고 있는 것으로 보인다. 이 외에자형이 변화된 이후에 나타나는 𦥑이나 방 안에 있음을 나타내는 𦥑이 있다. 『설문해자』에서는 "복(業)은 번거롭고 천하다는 뜻이다. 착(丵)으로 구성되었고, 또 공(廾)으로 구성되었는데, 공(廾)은 소리부도 겸한다. 복(業)으로 구성된 글자들은 모두 복(業)이 의미부이다.(業, 瀆業也. 从丵·从廾, 廾亦聲. 凡業之屬皆从業.)"라고 하였는데, 복(業)자의 자형은 𦥑에서 변화되었다. 『설문해자』에서는 또 "복(僕)은 시중꾼이다. 인(人)과 복

(𦥑)으로 구성되었는데, 복(𦥑)은 소리부도 겸한다. 🀄는 臣으로 구성된 고문체이다.(🀄, 給事者. 从人·𦥑. 𦥑亦聲. 🀄, 古文从臣)"라고 하였다.

이상의 내용을 종합해보면 갑골문의 복(僕)자는 하인의 복장을 입고 머리에는 죄인을 나타내는 신(辛)자 상징을 달고 두 손에는 대나무로 만든 바구니를 든 모습이다. 이 하인은 대부분 쓰레기를 버리는 천한 일을 한다. 금문 자형은 두 손에 대나무 바구니나 손잡이가 있는 바구니를 들고 있는 사람을 나타낸다. 쓰레기를 쏟아 붓는 것은 하인의 일이므로 '하인'이라는 의미를 나타내게 되었다. 『설문해자』에서 제시한 고문자형은 인(人)자를 신(臣)자로 바꾼 것으로 이 사람의 지위가 노예임을 설명한다. 복(𦥑)은 복(僕)자에서 갈라져 나온 글자로 복(僕)자는 결코 복(𦥑)자를 소리부로 하는 형성자가 아니다.

얼굴에 문신하는 것은 비록 영원히 지울 수 없는 치욕의 표시이지만 일하는 신체 능력을 손상시키지 않는다. 이 외의 육형은 신체 기능을 손상시킬 뿐만 아니라 영원히 회복할 수 없는 상처를 남기는 형벌이다. 육형이 엄격할수록 사회에 대한 통제가 강함을 반영한다.

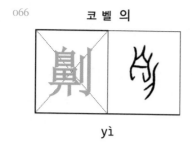

066

코 벨 의

yì

갑골문의 의(劓)❶자는 칼과 이미 베인 코의 모습이다. 금문 자형은 劓로, 코 아래에 나무 모양 기호를 붙여 잘린 코를 나무에 높게 걸고 다른 사람들에게 법령을 어기지 말라고 경고하는 역할을 했음을 나타낸다.

『설문해자』에서는 "의(劓)는 코가 베이는 것이다. 도(刀)가 의미부이고, 얼(臬)이 소리부이다. 주역에서 '이마에 문신이 찍히고 또 코를 베이니'라고 하였다. 劓는 의(劓)가 비(鼻)로 구성된 것이다.(劓, 刖鼻也. 从刀, 臬聲. 易曰: 天且劓. 劓, 劓或从鼻.)"라고 하였다. 자(自)는 코를 본 뜬 상형자로 '스스로'라는 의미로 차용되었다. 그래서 자(自)자 아래에 소리부인 비(畀)를 붙여 비(鼻)자를 만들어 자(自)자와 구별하였다. 갑골문에는 쐿 모양의 얼(臬)자도 있는데 코를 나무 위에 높이 걸어놓은 모습이다.

『설문해자』에서는 "얼(臬)은 활을 쏘는 표적이다. 목(木)이 의미부이고, 자(自)가 소리부이다.(臬, 射臬的也. 从木, 自聲.)"라고 하였다. 얼(臬)자와 자(自)자는 같은 운부에 속하지 않으므로 이 글자 역시 표의자로, 잘라낸 코를 나무 위에 걸어놓고 활쏘기 연습하는 표적으로 삼았음을 나타낸다. 코가 잘리는 것만으로도 이미 매우 비참한 일이지만 높은 나무에 걸려 사람들의 능멸을 받게 한 것을 보아 분명 죄인을 매우 원망했음을 나타낸다. 의(劓)는 자주 볼 수 있는 형벌이라 글자를 만들어서 표현할 필요가 있었다.

❶

제8부 오형과 법제 175

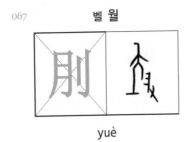

067 벨 월

yuè

코를 자르는 것보다 더 무거운 형벌은 정강이를 톱으로 잘라내는 형벌이다. 갑골문에서 월(刖)자❶는 한 손에 톱 같은 도구를 들고 사람의 정강이를 잘라내는 모습이다.

대(大)자는 성인이 서 있는 모습인데, 한쪽 정강이가 잘리면 두 다리의 길이는 같지 않게 된다. 정강이 한 쪽이 없어지면 거동이 불편한 절름발이가 된다. 금문에 왕(尢)자인 🔱은 바로 대(大)자의 두 다리 중 한 다리를 다쳐 변형된 것을 묘사하였다.

『설문해자』에서는 "왕(尢)은 절름발이이다. 다리가 구부러진 사람이다. 대(大)로 구성되었고, 한쪽으로 구부러진 모습을 형상화한 것이다. 왕(尢)으로 구성된 글자들은 모두 왕(尢)이 의미부이다.(尢, 尳也, 曲脛人也. 从大, 象偏曲之形. 凡尢之屬皆从尢)"라고 하였다. 이 글자는 필획이 너무 적고 대(大)자와 거의 구별되지 않아 혼동을 피하기 위해 왕(尢)자위에 성부인 왕(王)자를 붙여 왕(尪)자를 만들었다. 왕(尪)자는 왕(尢)자의또 다른 자형인 올(兀)자를 써서 왕(尩)자로도 쓴다.

❶

어찌된 일인지 문헌에 월형, 즉 정강이를 자르는 형벌은 코를 자르는 형벌보다 자주 나타난다. 복사에서는 백 명에게 월형을 할지에 대해 물었고 『좌전』에서는 제경공(齊景公)에 대해 기록할 때 너무 많은 사람이 월형을 받아 국내 시장에서 월형을 받은 사람이 걷기 편하도록 설계된 의족의 공급이 부족하여 일반 신발은 싸고 의족 가격이 비싼 비정상적인 현상을 초래하였다고 하였다.

『설문해자』에서는 "월(跀)과 월(趴)은 다리가 잘린 것이다. 족(足)이 의미부이고, 월(月)이 소리부이다. 월(趴)은 월(跀)자의 혹체인데, 올(兀)로 구성되었다.(跀趴, 斷足也. 从足, 月聲. 趴, 跀或从兀)"라고 하였다. 월(跀)은 형성자인데, 족(足)으로 구성되고 올(兀)로 구성된 것은 표의자이다. 지금은 형성자인 월(刖)자를 주로 사용한다.

정강이를 절단하는 것보다 더 심한 형벌은 거세인데, 남성의 생식기를 잘라내는 형벌이다. 이렇게 되면 그는 다시는 아이를 낳을 수 없게 된다. 대를 잇는 것을 중시하는 중국인의 입장에서 보면 매우 가혹한 처벌이다. 갑골문에서 ❷는 칼로 남성의 성기를 자르는 모습이다. 갑골 복사에 포로인 강족 사람에게 이 형벌을 사용할지에 대해 묻는 내용이 있다. 황궁에서 일하는 남자들은 궁녀와 애매한 관계가 생기는 것을 방지하기 위해 모두 이 형벌을 받는다. 그래서 후에 이 형벌을 궁형이라고 불렀다. 궁형은 정강이를 잘라내는 것보다 더 무거운 처벌이다.

❷

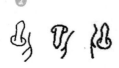

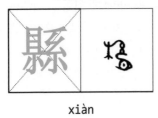

매달 현

xiàn

죄인에게 가장 엄한 처벌은 사형이다. 사람을 죽인 후 다른 사람들에게 이러한 극형에 해당하는 범죄를 범하지 말라고 경고하기 위해 잘린 머리를 높이 매달아 대중들이 볼 수 있도록 했다.

금문의 현(縣)자❶는 현재 자주 사용하는 현(懸)자로 나무에 사람의 머리 모양이 밧줄에 묶여 걸려 있는 모습이다. 『설문해자』에서는 "현(縣)은 매단다는 뜻이다. 계(系)로 구성되었고 거꾸로 매단다는 뜻이다. (縣, 繫也. 从系持㬎.)"라고 하였다. 소전 자형은 나무 부분이 생략되어 줄에 사람 머리가 달려 있는 모습으로, 사람의 머리를 높이 매달아 여러 사람에게 경고한다는 의미는 사라졌다.

성문은 사람들이 드나드는 통로로 왕래하는 사람이 가장 많아 머리를 매달아놓으면 대중에게 효과가 가장 컸을 것이다. 이러한 이유로 후에 성문이 효수하는 장소가 되었다. 이는 아마도 현(縣)자가 사법기관이 있는 하는 최소 지역 단위로 쓰이는 원인일 것이다.

❶

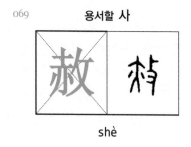

069 　용서할 사

shè

사람들은 엄한 형벌이라도 오랜 시일이 지나 익숙해지면 잘못되었다고 생각하지 않는다. 공자는 비록 "신체와 머리카락, 그리고 피부는 부모에게서 받은 것이라 감히 훼손할 수 없다"고 하였으나 육형의 잔인함에 대하여 비판하지 않았다.

반대로 한나라 효문제는 '피부에 새기고 뼈를 부러뜨려' 평생 고통을 받는 수형자들을 불쌍히 여겨 육형을 면하고 대신 매질을 하는 형벌로 죄인들에게 반성할 기회를 주었다.

법과 벌은 상부상조한다. '법'은 사회의 모든 구성원이 따라야 하는 예측 가능한 행동 규칙이다. '벌'은 그 법칙을 유지하면서 제대로 시행할 수 있도록 하는 수단이다.

계급이 아직 불분명한 사회에서는 법과 벌은 모든 구성원들에게 동등하게 적용된다. 그러나 계급이 분명한 시대가 되면 법은 점차 권력을 가진 자가 약자에게 가하는 규정이 된다. 약자는 단지 규정의 책임을 받아들이고 이행할 수밖에 없으며 도전할 힘을 갖기 어렵다. 효과적으로 통제를 유지하기 위하여 통치자는 피통치자에게 분명하고 엄격한 경고와 조치를 취하는 반면, 도전할 힘이 있는 귀족들에게는 용서와 용인을 베풀었다.

고대에 법을 어긴 귀족은 관용을 베풀어 그들이 재물을 사용하여 대신 죗값을 치르게 하고 신체를 상해하는 처벌을 면해주었다. 서주 시대의 청동기 명문에는 한 어린 귀족이 천 번의 채찍질과 얼굴에 묵형을 받을만한 잘못을 저질렀으나 잘못을 인정하고 돈을 대신 지불하는 방식으로 재판관의 용서를 받아 5백대의 채찍질과 벌금으로 최종 판결을 받아 얼굴에 문신을 새기는 영구적인 수모는 면했다고 하였다. 특권이 없는 일반백성들에게 이러한 행운은 없다.

금문의 사(赦)자인 𣂐, 𣂘는 한 쪽 손에 채찍을 들고 사람인 大을 피(대(大)자 양 옆에 작은 점)가 날 정도로 때려 죄를 용서하는 것을 나타낸다. 『설문해자』에서는 "사(赦)는 용서하는 것이다. 복(攴)이 의미부이고, 적(赤)이 소리부이다. 𣂘는 사(赦)로 역(亦)으로 구성되었다.(赦, 置也. 从攴, 赤聲. 𣂘, 赦或从亦.)"라고 하였다. 사(赦)자는 본래 표의의 방식으로 만들어져서 채찍을 피가 날 정도로 맞는 역(亦)의 자형인 大이었는데, 소전의 적(赤)자인 𤆍(적(赤)자는 본래 붉은 색이라는 의미이다)과 비슷해져서 형성자처럼 변했다.

그러나 권위는 대항할 수 없는 것이 아니다. 만약 형벌이 사람들이 용인할 수 있는 정도를 넘어선다면 분명 반란이 일어날 것이다. 권력자는 항상 최대한의 권위를 얻으려 한다. 반면 피통치자는 통제를 벗어나기 위해 최대한의 자유를 얻으려 한다. 따라서 각 시대의 법규는 양 측이 끊임없이 투쟁하고 용인하면서 서로가 받아들일 수 있는 정도의 규범을 반영한다.

국가가 만들어지는 초기 단계에 전투는 귀족 계급의 주요 권리이자 의무였다. 춘추시대 이래로 전쟁이 빈번해지면서, 병사가 점점 많이 필요해져 평민을 대량으로 모집하지 않을 수 없었다. 무사의 지위는 나날

이 낮아져 계급의 경계가 점차 모호해졌다. 한편, 사회가 안정되고 산업이 발달하는 것이야말로 다른 나라와 경쟁할 수 있는 밑천이다. 다른 국가와 경쟁하기 위해서, 정치인은 국민들과의 협력이 필수적이기 때문에 여러 가지의 양보를 해야 한다. 그러므로 어떤 군주는 법령을 점차적으로 반포하고 관민이 모두 지킬 규칙을 만들어 백성들의 협조를 얻어냈다. 원래 법률은 귀족이 아래 평민을 탄압하고 자신의 뜻대로 백성을 처벌하는 법이었지만 점차 백성들이 받아들일 수 있는 통치 조약으로 변해갔으며 마침내 관민이 공동으로 지키는 준칙이 되었다. 비록 법조문이 모두에게 공평할 수는 없으나 통치자가 자신의 뜻대로만 행동하던 시대에서는 많이 진보한 상태이다.

제9부

군사력 양성

삶의 경험을 다음 세대에 전수하는 것은 모든 동물들의 천성이다. 인류 사회에서 모두 교육에 관한 일은 원시시대든 선진시대든 상관없이 많은 사람을 관리하는 조직이나 기구에서 담당하는데 규모나 정밀함의 정도에만 차이가 있을 뿐이다.

초기 단계에서 부모나 친지들은 아이에게 가장 기초적인 교양을 가르친다. 적당한 나이가 되면 남자아이를 학교에 보내 단체 생활에 익숙해지도록 하고 사회로부터 자립하는데 필요한 기능과 지식을 학습한다. 갓난아기가 처음 태어났을 때에는 아무런 차이가 없는데, 성장하면서 서로 다른 가치관과 행동 규칙을 가지는 것은 서로 다른 교육의 영향을 받았기 때문이다.

고대에는 전쟁에서 승리한 후 적의 머리와 귀를 잘라 신령에게 바치는 관습이 있었다. 이렇게 바치는 장소가 바로 학교였다.

상나라 갑골 복사와 서주 시대의 청동기 명문은 학교에 소학과 대학의 차이가 있었음을 명확히 보여준다. 소학은 기본적인 지식과 기능을 배우는 곳이고, 대학은 높고 깊은 수준의 학문과 특수 기능을 배우는 곳이다. 이 두 학교의 구분은 서로 다른 학교에서 교육한다는 것에 있는데, 아마도 같은 학교에서 같이 수업을 받으면 제대로 배울 수 없기 때문일 것이다. 군사 훈련은 대개 대학에서 배우는 항목이다. 이 두 단계의 학습 내용은 분명 매우 다르기 때문에, 학교가 어떠한 개념에 기반하여 만들어졌는지, 그리고 관련된 글자는 어떤 것들이 있는지에 대해 아는 것은 흥미를 끄는 대목이다.

배울 학

xué

갑골문에서 학(學)자는 자형이 가장 단순한 형태부터 조금 복잡한 형태, 혹은 또 다른 형태에서 가장 복잡한 형태 등 여러 가지가 있다.

주나라의 금문❷에서는 자(子)와 복(攴)이 추가된다. 고대에는 교육을 받는 것이 남자 아이였기 때문에 자(子)를 추가하여 되었다. 이것이 우리가 자주 쓰는 학(學)자이다. 대개 옛 사람들은 처벌이 학습 효과를 증진시킨다고 생각했기 때문에 대나무 막대를 든 손을 추가해 으로 쓰기도 했다. 이것은 어린 아이들이 더욱 열심히 공부하도록 위협하는 수단이다. 현재는 이 자형을 사용하지 않는다.

이 글자에 대해 『설문해자』에서는 "학(斅)은 깨닫는 것이다. 교(教)와 경(冖)으로 구성되었다. 경(冖)은 일찍이 어리석다는 뜻이다. 구(臼)가 소리부이다. 學은 주문체로 효(斅)가 생략된 형태이다.(斅, 覺悟也. 从教冖. 冖, 尙矇也. 臼聲. 學, 篆文斅省.)"와 같이 형성자라고 하였는데 이는 잘못 되었다.

❶

❷

학(學)의 여러 자형은 ✕·✕·✕·✕·✕와 같은 몇 개의 서로 다른 편방을 공유하고 있다. ✕는 양 손으로 물건을 받쳐 든 모습이다. ✕는 어린 아이의 모습이다. ✕는 집의 외관이다. ✕는 후대의 효(爻)자와 자형이 비슷하다. 『설문해자』에서는 "효(爻)는 교차된다는 뜻이다. 주역에서 육효의 머리가 교차하는 것을 상형하였다. 효(爻)자로 구성된 글자들은 모두 효(爻)가 의미부이다.(爻, 交也. 象易六爻頭交也. 凡爻之屬皆从爻.)"라고 하여 효(爻)자가 교차된 팔괘 혹은 계산하는 산가지의 모습이라고 해석하였다.

가르치는 도구로 '학습'이라는 의미를 표현하는 것은 매우 합리적이다. 그러나 학교는 어린아이들을 대상으로 하기 때문에 배우는 내용이 간단한 지식과 기능이지 수준 높은 학문이 아니다. 산가지를 세어 수를 세는 학문은 아주 늦게야 발전한 학문으로 발생 시기 역시 춘추시대보다 빠르지 않다. 상나라 이전에 이를 근거로 학(學)자가 만들어졌을 리는 없다. 더욱 수준 높고 심오하며 복잡한 괘효 신도는 일반인이 이해할 수 있는 학문이 아닐 것이다. 원시 교육의 특징은 학습과 생활과 생산이 밀접한 관련이 있기 때문에 효(爻)가 표현하는 것은 분명 일반 취학 아동도 이해하고 배울 수 있는 것이지 결코 전문가여야 이해할 수 있는 높은 수준의 지식은 아니었을 것이다. 점복도 군사가 배울 내용은 아니었을 것이다.

그러므로 학(學)자는 신도(神道)의 개념에 근거하여 만들어진 것이 아니다. 학(學)자의 진정한 유래는 아마도 다른 글자의 도움을 받아야 추론할 수 있을 것이다.

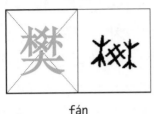

울 번

fán

금문에서 번(樊)자❶는 𣎴를 포함하고 있다. 『설문해자』에서는 "번(棥)은 울타리이다. 효(爻)와 임(林)으로 구성되었다.

『시경』에서는 '윙윙 파리 떼가 울타리에 모였네.'라고 하였다.(棥, 藩也. 从爻·林. 詩曰 : 營營青蠅, 止于棥)"라고 해석하였다.

또 "번(棥)은 말이 무거워 가지 않는 것이다. 𦫵로 구성되고 또 번(棥)으로 구성되었다. 번(棥)은 소리부도 겸한다.(𦫵, 驚不行也. 从𦫵棥棥, 亦聲.)"라고 하여, 번(棥)을 울타리의 의미로 보았다.

자형은 말뚝을 나타내며, 끈으로 묶어 울타리가 된다는 뜻이다. 번(樊)자는 두 손으로 울타리를 묶는 것을 말한다. 따라서 관건인 "효(爻)"는 바로 끈이 매듭지어지는 여러 개의 교차된 모습을 나타낸다.

교차하는 매듭의 형태는 숫자 오(五)의 모양인 X와 혼란을 일으킬 수 있다. 그리고 매듭을 여러 번 묶어야 단단히 묶을 수 있기 때문에 옛 사람들은 습관적으로 두 개의 나란한 매듭으로 이를 표시했다.

❶

고대에 두 개의 물건을 하나로 단단히 연결하는데 가장 자주 사용한 방법은 끈으로 묶는 것이다. 매듭을 묶는 것은 고대 생활에서 중요한 기술이며 곳곳에서 사용할 수 있다. 예를 들어 190쪽 그림처럼 병기나 도구를 나무 자루에 단단히 묶거나 집을 고정 시키는 나무 부품 등이 그것이다. 옛날 사람들이 집을 짓는 횟수는 지금 사람보다 훨씬 많다. 특히 정착 생활을 하기 전에는 집을 허무는 것이 더 일상적이었다. 다리를 건설하고 집을 짓는 것은 반개화(半開化) 부락이 주요하게 교육하는 내용으로 모두 매듭을 짓는 기술이 필요하다. 이는 갑골문의 학(學)자가 집을 의미하는 ∩으로 구성된 이유이다. 끈을 묶는 데는 두 손을 사용하기 때문에 후에 두 손을 나타내는 부호가 추가되었다.

이를 통해 학(學)자의 가장 초기 자형인 ✗이 몇 겹의 매듭을 나타내는 것이라는 점을 추론할 수 있다. 매듭을 잘 묶는 것은 고대인이 자연에서 필요한 가장 기본적인 생활 기술 중 하나이기 때문에 현대에 보이스카우트를 훈련시킬 때도 매듭을 묶는 기술을 익혀 야외 생활에 적응하도록 하였다. 매듭을 묶으려면 두 손이 필요하기 때문에 ⚡이라는 글자가 생겼다. 또 가장 많이 매듭을 사용하는 것이 집이기 때문에 ⚡이라는 자형이 생겼다. 이 글자도 ⚡과 ⚡으로 간략화 되었다. 이어 남자 아이만 교육을 받았기 때문에 ⚡과 같이 학습하는 어린 아이인 자(子)자가 추가되기도 하였다.

가장 많이 사용된 자형은 ⚡으로 채찍이나 대나무 막대기의 일종인 ⚡을 들고 있다. 이는 어린 아이를 처벌로 훈계하면서 매듭 묶는 기술을 배우도록 했음을 의미한다. 매우 일찍부터 사람들은 채찍으로 때리는 형벌이 효과 있는 교육 방법 중 하나라고 생각했음이 분명하다.

▎신석기시대에 돌도끼를 묶는 방법

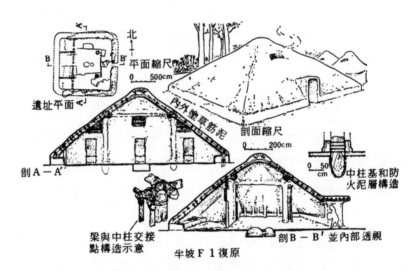

▎6천 년 전 앙소 문화 말기 구조가 복잡한 집의 복원도. 왼쪽 아래 부분은 보와 기둥 연결이 묶는 방식으로 되어 있음을 나타낸다.

072

본받을 교

jiào/jiāo

갑골문에서 교(敎)자❶의 초기 자형은 대부분 효(爻)와 복(攵)의 조합으로 이루어져 있다. 이는 채찍으로 윽박지르며 학생들에게 매듭을 짓는 기술을 가르치는 것을 표현한 것이다.

후에 자(子)자가 추가된 자형은 남자 아이에게 윽박지르며 매듭짓는 기술을 가르치는 것을 더욱 완정하게 표현한 것이다. 금문에서도 𗀗와 𗀗의 두 자형이 그대로 남아 있다.

『설문해자』에서는 "교(敎)는 위에서 베풀어준 것을 아래에서 본받는 것이다. 복(攵)과 孝로 구성되었다. 교(敎)로 구성된 글자들은 모두 교(敎)가 의미부이다 𢼒는 교(敎)의 고문체이며, 𣁋 역시 교(敎)의 고문체이다.(敎, 上所施, 下所效也. 从攴孝. 凡敎之屬皆从敎 𢼒, 古文敎 𣁋, 亦古文敎)"라고 하여, 위의 두 자형을 수록하고 있으나 이 글자에서 가장 중요한 효(爻)가 무엇을 나타내는지는 설명하지 않았다.

❶

𢼒 𢼒 𢼒 𢼒 𢼒

𢼒 𢼒 𢼒 𢼒 𢼒

갑골문 복사에서 등장하는 '대학(大學)'이라는 명칭은 상나라에 어린 아이들이 받는 교육뿐만 아니라 성인들을 위해 개설된 고급 교육도 있었음을 보여준다.

갑골문 복사에서 여러 차례 등장하는 '교수(教戍: 변방을 수비하는 기술을 교육하는 것)'나 '학마(學馬: 말을 훈련하는 기술을 배우는 것)'을 비롯해 '왕께서 면 나라를 공격하는 전략을 배우게 할까요(王學眾伐于免方)'라고 물은 것으로 보아, 분명 군사 훈련과 관련 있어 보인다.

교육을 담당하는 사람은 예로부터 사(師)라고 불렸는데 사(師)는 상주시대에도 군대의 계급이었다. 이를 통해 전쟁에서 승리한 후 학교에서 제사 의식을 거행하는 이유를 해석할 수 있다. 다음에서는 군사훈련과 관련된 몇 글자를 소개하고자 한다.

073

어지러울 패

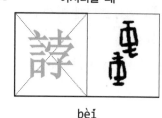

bèi

상나라의 대학은 지금의 군사학교와 같이 고급 장교를 길러내는 곳이다. 그러나 교육도 기초적인 체력 훈련에서 시작한다. 갑골문의 패(誖)자❶의 분석은 후대에서 거슬러 올라가야 효과적으로 해독할 수 있다.

『설문해자』에서는 "패(誖)는 어지럽다는 뜻이다. 언(言)이 의미부이고 패(孛)가 소리부이다. 悖는 패(誖)의 이체자로 심(心)으로 구성되었다. 䜌는 패(誖)의 주문체로 두 개의 혹(或)자로 구성되었다.(誖, 亂也. 从言, 孛聲. 悖, 誖或从心. 䜌, 籀文誖从二或)"라고 하였다.

이 글자의 소전체와 주문체는 완전히 다르다. 문자학적 관점에서 본다면 주문체는 표의자이고 소전체는 언(言)이나 심(心)을 의미부로 하고 패(孛)를 소리부로 하는, 즉 후대에 음독하기 쉽도록 만들어진 형성자이다. 언(言)은 말을 나타내는 부호이고 심(心)은 생각을 나타내는 부호이다. 이 둘은 항상 서로 교체될 수 있어서 '어지럽다'는 뜻이 말과 생각에 관련 있음을 알 수 있다. 허신은 주문체의 자형이 왜 어지럽다는 뜻인지 설명하지 않았다.

❶

패(䚗)의 주문체는 이미 너무 변화되어 원래의 의미를 추론하기 어렵다. 소전체와 주문체 전에 사용된 금문 🔲 역시 어떻게 어지럽다는 의미와 관련 있는지 알기 어렵다. 갑골문에서 🔲와 🔲는 분명 이 금문의 전신일 것이며, 🔲와 🔲는 훨씬 더 이른 자형으로 이를 통해 패(䚗)자의 유래를 추측할 수 있을 것이다.

패(䚗)의 갑골문 자형은 🔲와 이것이 뒤집어진 것이 중첩된 모습이다. 🔲자가 나타내는 것은 195쪽의 그림과 같이 무기에 직사각형의 물건이 붙어 있는 것을 표현한 것으로 공격용 무기인 과(戈)의 손잡이에 방어용 방패가 부착되어 있는 모습이다. 이 방패는 공격과 방어의 기능을 겸하고 있다. 만약 이 방패를 들고 마주한다면 서로 피해를 입을 가능성이 있으므로, 이 글자는 '상해'와 관련이 있지, '어지럽다'는 의미가 아닐 것이다.

이러한 무기를 사용할 때 만약 대열이 정렬되어 있으면 동료를 다치게 하지 않는다. 만약 산만하게 서 있으면 서로 부딪혀 자기 사람을 다치게 하는 상황이 생긴다. 이는 산만하게(혹은 어둠 속에서) 줄을 서 있기 때문에 만들어진 상황이라고 할 수 있다.

그래서 🔲는 패(䚗)자의 이른 자형으로 그 후에 방패와 과(戈)가 분리되어 🔲, 🔲가 되었으며 그 후에 네모 모양인 방패가 원형으로 변해 🔲가 되었다. 주문체는 더 변화하여 두 개의 혹(或)자가 연결되어 🔲가 되었는데 이것이 어떻게 만들어진 것인지는 알기 어렵다.

이것은 문자학자가 어떻게 후대의 자형에서 한 걸음 한 걸음 나아가 고문을 판별할 수 있는지 알 수 있는 좋은 예이다. 이 글자로부터 우리는 고대 군사 훈련 뿐만 아니라 야간 훈련에서 적의 기습 공격에 대비하는 것도 상상해볼 수 있다.

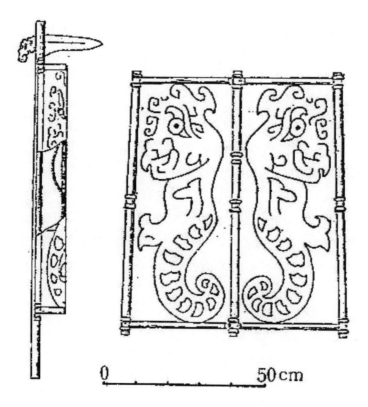

┃복원한 상나라 방패. 갑골문의 ⊕지는 이를 본 따서 만들었다.

074

설 립

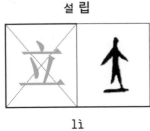

li

갑골문에서 입(立)자의 모양은 가로선 위에 大이 있는데, 大은 대(大)자로 서 있는 어른의 모습을 나타낸다.

'크다'는 추상적인 의미로, 묘사할 수 있는 실체가 없다. 그래서 고대 사람들은 어른의 몸이 어린 아이보다 훨씬 크다는 것을 이용해 '크다'라는 의미를 표현하였다.

고문자에서는 물건 아래에 가로획 한 줄은 지면을 표시하는데 사용된다. 그래서 고문자의 입(立)자가 어른이 땅 위에 서 있는 모습이라는 것을 쉽게 이해할 수 있으며, '서다', '세우다' 등의 의미가 있다.

서주 시대의 금문은 간혹 ❷와 같이 사람의 머리도 그려져 있다. 입(立)자의 유래가 매우 명확하고 이해하기 쉽고 쓸 때도 틀리기 쉽지 않아서 진한 시대의 소전에 이르기까지 大와 같이 동일한 자형을 유지하고 있다.

『설문해자』에서는 "입(立)은 선다는 뜻이다. 대(大)자가 일(一)자 위에 있는 모습으로 구성되었다. 입(立)자로 구성된 글자들은 모두 입(立)이 의미부이다.(立, 佢也. 从大在一之上. 凡立之屬皆从立)"라고 하였는데 정확한 해석이다.

입(立)자는 서주의 청동기 명문에서 흔히 위치의 의미로 사용된다. 예를 들어 중기의 「휴반(休盤)」에서는 "왕께서 주나라의 강궁에 계셨다. 아침이 되자, 왕께서 태실에 도착하셨고, 정해진 곳에 자리를 잡으셨다. 익공이 우사마 휴를 도와서 문으로 들게 하였고, 북쪽을 향하고, 중정에 섰다.(王在周康宮, 旦, 王各大室, 卽立. 益公右走馬休入門, 立中廷, 北饗.)"라고 하였는데 앞의 "즉립(卽立)"은 즉위. 즉 정해진 자리에 서다는 의미로 사용되었다. 뒤의 "입중정(立中廷)"은 정중(廷中)에 선다는 의미이다.

한 글자가 두 가지 의미를 나타내기 때문에 혼동될 수 있다. 그래서 나중에 위치의 의미를 대표하는 것은 입(立)이 의미부이고 위(胃)가 소리부인 글자가 되었는데, 이 글자의 획수가 너무 많아 위(位)자로 바뀌었다.

성인이 땅에 서 있는 것이 어떻게 군사 훈련과 관련되는 것일까? 이것은 병(竝)자와 체(替)자를 통해 분석해볼 수 있다.

075 　아우를 병

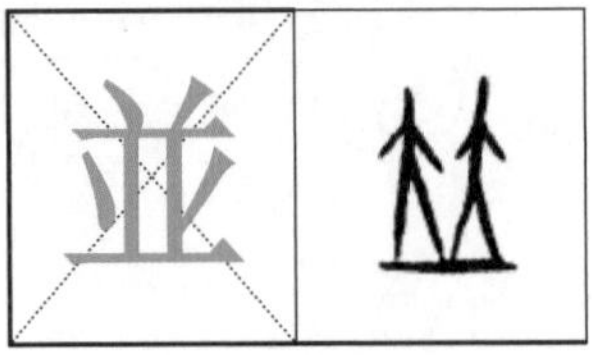

bìng

갑골문에서 병(並)자❶는 두 개의 입(立)자가 나란히 배열되어 있거나 혹은 두 명의 성인이 한 지면에 이웃하여 서 있는 모습이다. 병(並)자가 만들어진 원리는 이해하기 쉽다. 두 명의 성인이 나란히 서 있는 모습을 표현한 것으로 '나란히 서 있다'는 의미가 되었다.

　금문 자형❷은 갑골문과 같거나 땅 아래에 특별한 의미가 없이 장식을 위해 그려진 가로선이 있다. 『설문해자』에서는 "병(𣅀)은 나란하다는 의미이다. 두 개의 입(立)으로 구성되었다. 병(並)자로 구성된 글자들은 모두 병(並)자가 의미부이다.(𣅀, 倂也. 从二立. 凡並之屬皆从並.)"라고 하였다.

　두 명의 성인이 나란히 서 있는 것은 매우 일반적인 상황인데, 왜 군사 훈련과 관련되어 있다고 할까? 그 해답은 다음 글자를 보면 알 수 있다.

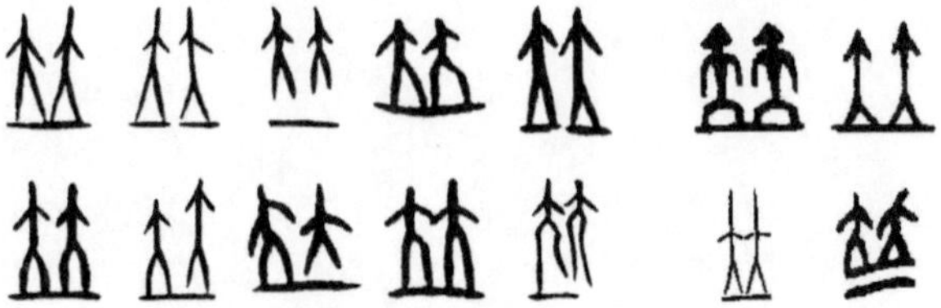

쇠퇴할 체

替

ti

이 글자는 고대 문헌에 많이 사용되지 않아서 단지 몇 개의 자형만 남아있다. 갑골문 자형은 🜨이고 금문 자형은 🜨, 🜨이다. 이 글자의 유래를 이해하기 위해 『설문해자』의 해석을 참고해보도록 하자.

『설문해자』에서는 "체(替)는 폐하다는 뜻이다. 때로는 아래로 치우치는 것이다. 병(並)이 의미부이고 백(白)이 소리부이다. 替는 왈(曰)로 구성된 이체자이고, 替는 신(竝)으로 구성되고 또 왈(曰)로 구성된 이체자이다.(替, 廢也. 一偏下也. 从並, 白聲. 替, 或从曰. 替, 或从竝从曰.)"라고 하였다.

체(替)자의 의미는 '폐하다'로, 즉 일을 망쳤다는 뜻이다. '망치다'는 추상적인 개념이다. 소전 자형 몇 개를 보면 상반부는 替, 替처럼 두 사람이 정면으로 서 있거나, 替처럼 측면으로 서 있다. 하반부는 替, 替처럼 왈(曰)자이거나 替처럼 백(白)자이다. 왈(曰)의 자형인 ㅂ는 입에서 소리가 나는 모양이다. 백(白)인 ㅂ은 자(自)의 간체로, 코의 모습을 나타낸 것이다. 『설문해자』에서는 "백(ㅂ) 역시 자(自)자인데, 자(自)의 생략된 모습이다. [자(自)의 생략된 모습을 한 것은 말을 할 때 기가 코에서 나가기 때문이며, 입과 서로 돕는다는 의미를 담았다. 백(白)으로 구성된 글자들은 모두 백(白)이 의미부이다.(ㅂ, 此亦自字也. 省自者, 詞言之气从鼻出, 與口相助. 凡白之屬皆从白.)"라고 하였다. 그러나 입이든 코든 모두 두 사람이 서 있는 모습과 결합해 '망치다'라는 의미를 표현하게 되긴 어렵다.

문자학적 관점에서 볼 때, 체(替)자를 구성하는 왈(曰) 혹은 백(白)은 구덩이인 凵, 凵가 와변된 것일 수 있다. 전체 자형은 대략 두 사람이 함정에 빠진 것으로, 두 사람이 힘을 합쳐 구덩이 바깥으로 나가려 하지 않고 구덩이에 앉아 죽음을 기다리며 구출할 기회를 망치는 것을 표현하였다.

『설문해자』에서는 '아래로 치우치는 것이다.(一偏下也)'라는 이상한 말도 적혀 있는데, 이것은 분명 체(替)자의 의미가 아니라 자형에 대한 해석일 것이다. 갑골문 자형인 🏃나 금문 자형인 🏃는 하나의 입(立)의 위치가 다른 입(立)보다 조금 낮다. 이것이 '아래로 치우치는 것이다.(一偏下也)'가 아니겠는가? 이것의 의미를 모르는 사람이 『설문해자』에 적힌 고문자형을 없애버렸을 가능성이 있다.

두 사람이 서 있는 위치가 고르지 못하여 '망치다', '망가지다'라는 의미를 표현하는 것은 앞에서 소개한 갑골문의 패(誖)자인 🏃처럼 의미가 줄을 제대로 서지 않아 진용을 망친다는 뜻이 아니겠는가? 이 때문에 체(替)의 원래 의미는 줄을 제대로 서지 않아 대형 전체를 망치는 것을 나타낸 것이다. 일반적으로는 모두가 일직선상에 서도록 할 수 없으며, 일반 사람도 특별히 다른 사람의 지휘를 받지 않으면 이렇게 줄을 설 것이다. 규율, 복종, 정렬을 추구하는 군대에서만 줄을 제대로 서지 않는 것이 '망쳤다'고 평가 받을 수 있다. 군대 행렬의 정연함은 군대 훈련이나 군용을 과시할 때 흔히 요구되므로 이러한 상황을 바탕으로 '망치다'라는 의미를 표현하게 되었다.

한자는 각 글자가 네모반듯하거나 같은 크기의 외관을 유지하도록 변화되어 왔다. 만약 두 사람이 나란히 서 있는데 하나는 높고 하나는 낮게 표현된다면 자형이 네모반듯하지 않다. 또 두 사람이 나란한 높이에 서 있는 병(竝)자와 혼동되기 쉽다. 그래서 두 사람이 나란히 함정 위에 서서 입을 벌리고 빠져나가려 하지 않는 것을 '망치는' 동작으로 나타낸 茻처럼 변화하였다. 이 자형은 소전의 茻로 변화하였다. 또 두 사람이 나란히 서 있고 아래에 구덩이가 있는 모습으로 역시 도망가려 하지 않는 '망치다'라는 모습을 나타냈고, 소전에서 茻, 茻 등의 자형으로 변화하였다.

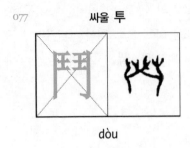

077 　싸울 투

dòu

갑골문의 투(鬥)자❶를 보면 이
글자가 나중에 소전의 𩰊로 변화
할 것임을 쉽게 알 수 있다. 『설문
해자』에서는 이 글자에 대해 "두
병사가 마주하여 무기를 뒤로 하고
싸우는 모습이다.(兩士相對, 兵杖
在後, 象鬥之形.)"라고 설명하였다.

　그러나 이 글자는 병장기 같은 무기의 모습을 포함하고 있지 않고
다만 두 사람이 맨손으로 때리는 모습만 있을 뿐이다. 이것도 역시 일
반 사람들이 싸우는 것이 아닌 군대 훈련으로 볼 수 있다.

　인류 문명의 진화는 크게 세 단계를 거친다. 첫 번째 단계는 가장
원시적인 수렵채취로 살아가는 평등사회이다. 두 번째 단계는 대개 신
석기시대로, 사람들은 원예 농업으로 생계를 유지하고 사회는 계급이
분리되기 시작한다. 세 번째 단계는 농업으로 생계를 유지하는 다층 계
급 사회로 국가 조직이 있는 시대이다. 중국에서 문자를 만들어 쓰기
시작한 시기는 대략 이 시기이다.

　이 시대의 사회적 특징은 중앙 집권의 정치 체계를 채택하여 사회
가 다층화되어 간다는 것이다. 모든 사람들은 세금, 노역, 병역 등을 포
함한 의무를 가지며 자연 자원을 채취하기 위하여 대규모의 대외 전쟁
을 벌인다. 이 때문에 외부의 적을 죽이는 것은 장려하지만 개인간의
싸움은 금지한다.

❶

국가가 개인 간의 싸움을 금지하고 있기 때문에, 두 사람이 싸우는 것에서 의미를 취한 투(鬥)자는 군대에서 만들어진 글자일 가능성이 있다. 싸움은 효과적인 체력 훈련으로 '배움에서 즐거움을 찾으며(寓樂於學)' 학습적인 효과를 얻기 좋아 오락과 경쟁이 있는 스포츠 활동으로 발전하게 된다. 오늘날 올림픽 종목인 레슬링이나 씨름과 같은 종목은 군대 체력 훈련일 뿐만 아니라 스포츠성과 오락성을 겸비한 교육방법이기도 하다.

진나라 때는 이를 '각저(角抵)'라고 불렀다. 한나라 때에는 상당히 인기 있는 종목이었다. 민간에서 유행했을 뿐만 아니라 황제가 외빈을 대접할 때도 무사들의 씨름으로 손님들을 즐겁게 하였다. 때로는 전사가 맹수의 모습으로 분장하여 적의 사람과 말을 놀라게 하였다. 그래서 자극을 더하고 관중의 흥미를 돋우기 위하여 투사도 호랑이, 곰 등의 맹수로 분장하였다. 맨손으로 싸우는 기술은 군사들이 배우는 내용 중 하나이다.

| 진한시대 씨름하는 문양이 투각된 청동 장식판

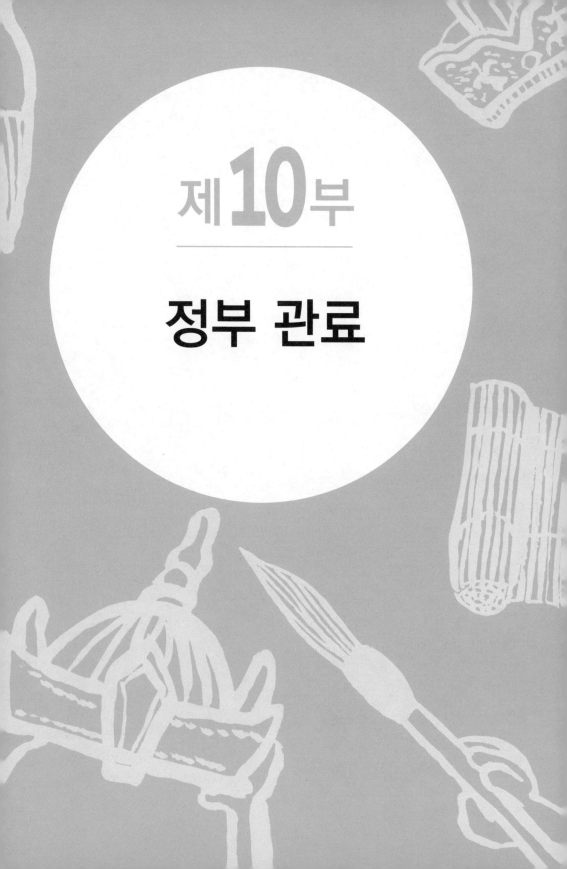

제**10**부

정부 관료

중국 고대사의 제3단계에서는 계급이 확립되었고 국가 통치도 제도화되었다. 개인의 국가에 대한 의무를 강화하고, 문자로 기록하여 역사적 사료를 믿을 수 있는 신사시대(信史時代)에 들어서게 된다. 중국에서 이 단계의 성숙기는 하나라, 상나라, 주나라의 세 왕조로 대표된다. 이 시기에 정치적으로 가장 높은 권력을 장악한 사람은 '왕'으로 불렸다.

왕권은 비록 추상적인 개념이지만 조직화된 사회 혹은 국가라면 반드시 그 의미를 정립해야 한다. 문자가 만들어지면 사람들은 문자로 이러한 권위와 지위를 나타낼 방법을 생각한다.

왕권의 추상적인 개념을 표현하는 왕(王)자는 분명 음이 비슷한 글자를 빌려 쓰거나 혹은 왕권과 관련된 사물을 빌려 만들었음이 틀림없다. 왕(王)자는 어떤 사물을 빌려 만들었을까? 그 시기의 사회 구조와 관련 있지는 않을까? 이는 매우 흥미로운 연구주제이다.

078

임금 왕

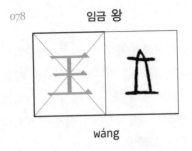

wáng

갑골문에서 왕(王)❶자는 매우 자주 나타난다. 왕(王)의 초기 자형은 높고 좁은 삼각형 위에 짧은 가로획이 있는 형태인 🔺인데, 후에 🔺처럼 가장 윗부분에 다시 짧은 가로획이 더해졌고, 이어서 王처럼 맨 아래의 삼각형이 일직선으로 변했다.

금문 자형❷은 약간 변하긴 했지만 비교적 형태가 고정되었으며 위쪽의 두 가로획이 맨 아래의 가로획 간격보다 비교적 가깝다.

『설문해자』에서는 "왕(王)은 천하가 돌아가는 곳이다. 동중서는 '옛날에 글자를 만들 때 선을 세 개 긋고 가운데를 연결하였으니 이를 王이라 부른다. 이 세 획은 하늘, 땅, 사람으로 이를 관통하는 자가 왕이다.'라고 하였다. 공자는 '하나로 셋을 꿰뚫는 자가 왕이다.'라고 하였다. 무릇 왕(王)으로 구성된 글자들은 모두 왕(王)이 의미부이다. 𤣥은 왕(王)의 고문체이다.(王, 天下所歸往也. 董仲舒曰 : 古之造文者, 三畫而連其中, 謂之王. 三者, 天地人也, 而參通之者王也. 孔子曰 : 一貫三為王. 凡王之屬皆从王 𤣥, 古文王.)"라고 하였다.

❶ ❷

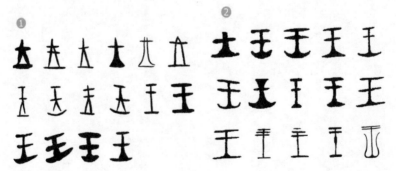

허신은 세 개의 가로획을 '하늘', '땅', '사람'으로 보고 중간의 세로선이 왕을 나타내며, 왕은 '하늘', '땅', '사람', 이 셋을 통하게 하는 사람이라고 해석하였다. 매우 심오한 철학적 사고이다. 그러나 초기 갑골문의 왕(王)자가 선이 두 개밖에 없어서 허신의 해석은 잘못되었다. 게다가 그의 해석대로라면 세 개의 가로획도 간격이 같아야 하고 가운데 획이 위쪽에 더 가까이 있어서는 안 된다.

왕권은 국가의 중요한 상징이므로, 왕(王)자의 유래는 분명 국가의 통치와 관련 있다. 그러나 이 글자는 형태가 간단하여 그 유래를 추측하기 매우 어렵다. 이 때문에 예로부터 해석이 매우 다양하다. 왕(王)자가 화염의 모습을 형상화했다는 설도 있고, 혹은 수컷의 성기를, 혹은 도끼의 모습을, 혹은 군왕이 단정하게 앉아있는 모습을, 혹은 관면(冠冕)이라는 옛 임금이나 관리가 쓰던 모자를 형상화했다는 설도 있다. 이러한 견해들은 모두 왕의 권위와 직간접적으로 어떤 관계가 있는 것들을 빗대어 말한 것이다. 어떤 견해가 이 글자가 만들어진 본뜻에 가까운지 알아보려면, 자형과 자의가 모두 비슷한 다른 글자군과 비교해야 한다.

079

임금 황

huáng

황(皇)자의 갑골문인 ❶의 위쪽 글자들은 초기 자형이고, 아래쪽 글자들은 후기 자형이다. 금문의 황(皇)❷자 자형은 꽤 다양한데, 원래는 ❧처럼 단순한 형태였다가 점차 위아래가 분리되어 ❧의 형태가 되었다.

그래서 『설문해자』에서는 "황(皇)은 크다는 뜻이다. 자(自)와 왕(王)으로 구성되었다. 자(自)는 처음이라는 뜻이다. 첫 왕은 삼황(三皇)으로 위대한 임금들이다. 자(自)는 비(鼻)와 같이 읽는다. 요즘 속세에서 처음 태어난 아이를 비자(鼻子)라고 한다.(皇, 大也. 从自·王. 自, 始也. 始王者, 三皇, 大君也. 自, 讀若鼻. 今俗以作始生子為鼻子是.)"라고 하여, 황(皇)자를 자(自)자와 왕(王)자의 조합으로 보았다.

중국에는 삼황오제의 고대 왕조에 대한 전설이 있어서 황(皇)자를 왕이 처음 나타났을 때의 칭호로 해석하였다. 그러나 황(皇)자는 갑골문과 금문 시기에 모두 '화려하다'라는 형용사로 사용되었지 후대처럼 왕의 칭호로 사용되지 않았다. 그러므로 이런 견해는 잘못되었다.

❶   ❷

황(皇)자에서 가장 주의 깊게 볼 부분은 윗부분으로, 동그라미 위에 세 개에서 다섯 개의 선이 그려져 있다. 다른 글자 역시 이러한 특징을 가지고 있다. 『설문해자』에서는 "변(弁)은 면류관이다. 주나라에서는 변(冕)이라고 하고, 은나라에서는 우(吁)라고 하고 하나라에서는 수(收)라고 한다. 모(兒)와 팔(八)로 구성되었다. 상형자이다. 𢏺는 혹체자로 변(冕)자이다. 𤲮는 소전체이다. 공(廾)으로 구성되었으며 윗부분은 상형자이다.(𢎤, 冕也. 周曰冕, 殷曰吁, 夏曰收. 从兒·八. 象形. 𢏺, 或冕字. 𤲮, 籀文. 从廾, 上象形.)"라고 하였다. 이 글자의 뜻은 관면(冠冕), 즉 임금이나 관리가 쓰는 모자이며 세 가지 자형이 있다. 𢎤은 사람이 관면을 쓰고 있는 모습이고, 𢏺은 높은 모자를 두 손으로 들어 올리는 모습이다. 𤲮은 두 손으로 위쪽에 관을 꽂은 무사의 투구를 받쳐 든 모습이다. 여기서 모자의 모양은 주(冑)자의 금문❸ 및 소전인 胄, 鍪와 표현하고자 하는 형상이 같다.

이상의 비교를 통해 우리는 갑골문인 𢆶, 𢆷와 금문 ❹의 자형이 모두 변(弁)자의 전신임을 알 수 있다. 황(皇)자는 본래 세 줄기가 삐져나온 장식을 한 모자를 표현한 것으로 추정된다.

왕(王)자와 황(皇)자의 아래쪽은 모두 삼각형이다. 고문자에서 삼각형은 무엇을 나타내는 것일까?

❸   ❹

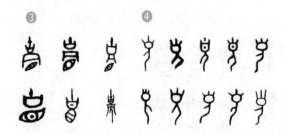

080

영 령

令

ling/líng

영(令)의 갑골문은❶ 머리에 삼각형의 물체를 쓰고 무릎을 꿇은 사람의 모습이다. 영(令)자는 모자를 쓴 사람을 모티브로 하였다. 모자를 쓴 사람은 명령을 내리는 사람이다. 명령을 내리는 사람이 모자를 쓰면, 부하들에게 눈에 잘 띄고 식별하기 용이해서 명령이 잘 전달된다.

갑골문의 식(食)자❷는 위쪽의 식기 뚜껑이 영(令)자가 쓰고 있는 모자와 모양이 같다. 이들은 모두 부피가 있으며 높이 돌출되어 있는 물건이다. 『설문해자』에서는 "영(令)은 발호(發號), 즉 호령을 내리는 것이다. 집(亼)과 절(卩)로 구성되었다.(令, 發號也. 从亼·卩.)"라고 하였는데 어떻게 영(令)자가 '발호'라는 뜻을 가지게 되었는지 설명하지 않았다.

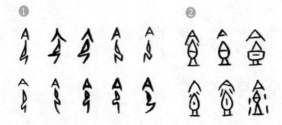

영(令)자의 위쪽 삼각형은 바로 황(皇)자와 왕(王)자의 아래쪽 삼각형으로 소박하고 무늬 없는 모자의 모습을 표현한다. 그러나 아마도 우연의 일치인 듯 소미인(蘇美人)의 설형문자에서 군왕은 갑골문의 왕(王)자와 같은 ∱ 모양이고, 삼각형의 위쪽에 짧은 두 줄의 가로선이 있다.

왕권은 조직화된 사회에서 반드시 존재해야 하는 제도이다. 그렇다면 어째서 고대인들은 약속이나 한 듯 모자로 왕권을 나타냈을까?

215쪽 그림과 같이 상나라 말기 골판에 새겨진 도안은 황(皇)자가 도대체 어떤 모자인지에 대해 우리의 이해를 도울 수 있을 것이다. 골판 위의 도안은 모자를 쓴 신령 혹은 귀족을 나타낸다. 이 모자 윗부분은 구불구불한 장식이 있으며, 모자의 정중앙에는 높이 솟은 깃털 모양의 장식이 있다. 깃털 위쪽에는 공작 눈 무늬와 깃 끝이 세 갈래로 갈라진 모습의 도안이 있다. 이것이 바로 갑골문과 금문의 황(皇)자가 나타내고자 한 모습이다.

황(皇)자의 아래쪽 삼각형은 바로 머리에 모자를 쓴 본체이고, 가로획은 구불구불한 모서리가 있는 장식일 수 있다. 세 갈래로 나누어진 동그라미는 공작새 깃털 끝부분을 묘사한 것이다. 황(皇)자의 자형은 사물에 깃털 장식이 있다는 것을 표현하는데 중점을 두기 때문에 고서에서 황(皇)자는 오색으로 염색한 깃털 장식의 모자나 깃털이 달린 무대 도구라는 뜻으로 사용되었다. 황(皇)자는 본래 깃털 장식이 달린 아름다운 물건이어서, 문장에서 위대함, 웅장하고 아름다움, 숭고함, 존엄함, 한가함, 휘황찬란함 등의 의미인 형용사로 사용되었다.

왕(王)자가 표현하는 것은 황(皇)자 아래쪽의 모자 본체로, 장식이 비교적 간단하다. 글자에서 삼각형은 종종 상투를 튼 사람이 쓰는 돔 모양의 모자로 사용된다. 오늘날 중국에서 포커패의 A를 모자로 부르는 것은 A가 높은 모자처럼 생겼기 때문이다.

북경 지역 사람은 '모자를 썼다(蓋帽兒)'로 최고 수준의 인물을 나타낸다. 고금의 중국인들은 약속이나 한 듯 모자를 모두 삼각형으로 형상화했다. 국내외에서 모두 모자로 권위나 위대한 개념을 표현한 것은 정말 재미있는 우연의 일치이다.

4천에서 4천5백 년 전의 대문구(大汶口) 유적의 토기들에서 215쪽과 같이 깃털달린 모자가 있는 도안이 발견되었다. 또한 4천8백년에서 5천 년 전의 양저(良渚)문화 유적에서는 신기(神祇: 천신과 국토의 신) 혹은 귀족이 깃털달린 모자를 쓰고 있는 문양과 깃털을 꽂을 수 있는 옥 장식 조각이 발견되었다. 모두 전설로 내려오는 4천7백 년 전의 황제(黃帝)시대와 비슷하다. 황제는 중국 전설에서 관면제도를 처음 만든 사람이다. 이런 점에서 이 전설은 매우 신빙성이 있는 것 같다.

▌무늬가 새겨진
주둥이가 넓고 아래쪽이
뾰족한 회토기. 높이
60센티미터,
대문구(大汶口)문화,
기원전 약 2500~기원전
2000년.

▌상나라 시기 골판에
새겨진 도인. 모자의
모양이 황(皇)자
윗부분의 깃털 장식과
매우 닮았다.

081

아름다울 미

měi

'관면'이라는 모자는 의복 중에서 가장 실용성이 없는 물건이지만 많은 민족에서 권위를 상징한다. 사람들은 모자에 상징성을 너무 많이 부여하여 모자의 실용성을 떨어뜨리곤 하였다.

우리가 상상할 수 있듯이 모자는 우선 아름다움을 더하는 역할을 한다. 따라서 갑골문의 미(美)자❶는 사람의 머리 위에 높이 솟은 구부러진 깃털 혹은 이와 유사한 머리 장식으로 단장한 모습을 나타내며, 이는 '아름다움'이라는 의미한다.

금문 자형인 美, 美는 머리 부분이 양(羊)자로 유화되었다. 그래서 『설문해자』에서는 "미(美)는 달콤하다는 뜻이다. 양(羊)과 대(大)로 구성되었다. 양은 육축(六畜: 馬牛羊雞犬豬 등 여섯 종의 제사 지내는데 쓰이는 동물) 중에서도 주로 쓰이는 제사음식이다. 미(美)와 선(善)은 뜻이 같다.(美, 甘也. 从羊大. 羊在六畜主給膳也. 美與善同意.)"라고 하여, 미(美)자에 사람의 형상이 있음을 알지 못했고, 양(羊)을 '달콤한 음식'으로 해석하여 '달콤하다'는 의미가 있다고 하였다.

❶

구석기시대말부터 사람들은 여러 재료들로 자신을 단장하여 아름답거나 위엄 있어 보이게 하였다. 시대가 지날수록 무늬는 더욱 화려해졌다. 빈부 격차가 생기고 계급이 구분되는 시대가 되자, 사람들은 보기 드물고 구하기 어려운 장식물로 자신을 치장하여 다른 사람보다 신분이 높음을 과시하였다. 따라서 모자도 자연스럽게 신분을 상징하게 되었다.

예를 들어 북미 인디언 추장의 깃털 머리 장식은 다른 부족원의 것보다 훨씬 뛰어나다. 중국 운남에서는 소수민족의 벽화가 발견되었는데, 여기에 묘사된 사람들의 머리 장식은 갑골문 미(美)자의 모습과 거의 똑같다. 게다가 몸이 클수록 머리 위의 깃털 장식 역시 풍성해진다. 219쪽의 그림처럼 그림의 절대 다수를 차지하는 몸이 작은 사람들은 머리 장식이 전혀 없다. 이처럼 머리 장식은 고대 혹은 씨족 사회에서 사회적 지위를 나타내는 매우 중요한 상징물이다.

작은 규모의 전투는 누군가 지휘해야 할 필요가 없다. 그러나 대규모 전투가 되어 수천수만의 사람들이 참여하게 되면 누군가가 전면적으로 모든 것을 계획하고 지휘해야 최상의 전투 효과를 얻을 수 있다. 만약 지휘관이 부하들에게 지시를 효과적으로 전달하고 전장의 형세에 즉각적으로 대응하려면 부하가 그의 호령과 지시를 쉽게 볼 수 있어야 한다. 동족인 사람들은 대부분 체구가 비슷하고 왕의 몸집도 별반 크지 않기 때문에 특별히 눈에 띄는 표시가 없으면 사람들 속에서 지휘관을 식별하기 어렵다. 그러므로 지휘관은 특별한 복장을 하고 높은 곳에 서서 행동이 부하들의 눈에 잘 보이도록 해야 한다.

높이 솟은 모자는 활동하기 불편하여 원래 한가함, 그리고 부선, 즉 전쟁상태가 아닌 것을 상징한다. 이 때문에 격렬하게 움직이는 전쟁터에서 사용하면 안 된다. 그러나 만약 지휘관이 전쟁터에서 사람들에게 명령을 내리기 좋은 높은 장소를 찾을 수 없다면 높이 솟은 모자를 쓰는 것도 효과적일 수 있다. 바로 이런 이유로, 지휘관은 전쟁에서 높이 솟은 모자를 쓴다. 상나라의 청동 투구 위에는 긴 관이 있는데, 이는 깃털 종류의 장식품을 꽂기 위한 것이다.

고대에는 머리장식이 지도자의 지위를 나타내는 중요한 상징이었다. 높이 솟은 머리 장식품은 같은 무리에서 뿐만 아니라 다른 종족도 쉽게 알아볼 수 있어서, 그가 다른 구성원들과 다른 특별한 지위가 있음을 알리고 상응하는 존중을 받도록 하였다.

이상의 기나긴 고찰을 통해 갑골문의 왕(王)자가 모자에서 유래되었음을 추론할 수 있었다. 아직 모자가 보편적으로 사용되지 않았던 사회에서는 전쟁터에서 왕이 부하들의 눈에 잘 보이고 일괄적으로 지휘를 내리기 위해 높은 모자를 쓰고 작전을 지휘했다. 이렇게 특정 상황에서만 착용하던 모자는 왕의 평상시 복장이 되었으며, 이후 왕의 상징이 되었다.

▌운남성 창원(滄源)의 소수민족 암각화. 지위가 높은 사람은 머리에 복잡하고 차별성
　있는 장식을 하였고 지위가 낮은 사람은 머리에 아무런 장식이 없다.

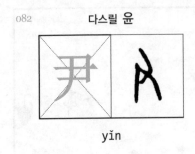

082 **다스릴 윤**

yǐn

여러 계층으로 이루어진 사회에서 사람들은 국가의 통치 기관에 대해 노역과 병역 및 조세 납부 등의 의무를 지닌다. 최고 지도자인 왕은 매사를 직접 처리할 수 없기 때문에 반드시 일부 관리들에게 소소한 업무를 위임해야 한다.

이러한 관리들을 윤(尹)이라 통칭하고, 관직이 비교적 높은 사람은 군(君)이라고 하였다. 후에 군(君)은 더욱 높은 지위를 나타내 '군왕'이라는 새로운 의미를 가지게 된다.

윤(尹)자와 군(君)자는 도대체 어떤 이념으로 만들게 된 것일까?

갑골문의 윤(尹)자❶는 한 손으로 물건을 들고 있는 모습이다. 금문 자형❷에서는 큰 변화가 일어났다. 손과 들고 있는 물건이 합쳐지고 변화되어 ♀이 되었고, 심지어는 육(肉)자가 붙어 ♪이 되었다

❶   ❷

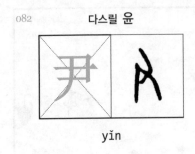

『설문해자』에서는 "윤(尹)은 다스리는 것이다. 우(又)와 별(丿)로 구성되었다. 일을 담당하는 자이다. 𢇇은 윤(尹)의 고문체이다.(尹, 治也. 从又·丿. 握事者也. 𢇇, 古文尹.)"라고 하였다. 대표 자형으로 선택한 것은 비교적 초기 자형이고 고문체는 후기 자형이 다시 잘못 변화된 것이다. 허신은 윤(尹)자가 물건을 들고 있다는 의미를 표현한 것임은 알고 있었으나 들고 있는 것이 무엇인지는 설명하지 못했다.

윤(尹)자가 '백성을 다스리는 관원'을 의미하므로, 많은 사람들은 윤(尹)자가 관원이 한 손에 몽둥이를 들고 폭력을 사용하여 백성을 다스리는 것을 의미한다고 생각하였다. 그러나 이러한 견해는 중국이 예부터 관료 정치를 중시해 온 특성을 생각하지 못한 것이다.

사람을 때릴 때에는 몽둥이의 아래쪽을 잡아야 효과를 발휘할 수 있다. 그러나 윤(尹)자는 어떤 물건의 위쪽을 잡고 있다. 고대에 이렇게 물건을 잡는 것 중 윤(尹)이 들고 있을 가능성이 가장 큰 것은 붓이다.

현재 대량으로 남아있는 중국 최초의 문헌은 3천여 년 전 짐승 뼈나 거북이 껍질에 칼로 새긴 상나라 점복문자이다. 이 때문에 상나라 사람들은 글자를 칼로 새겨 기록했다고 오해하는 사람들도 흔히 있다. 심지어 어떤 사람들은 진(秦)나라의 몽염(蒙恬)이 붓을 발명한 후에야 중국 사람들이 붓으로 글자를 썼다고 생각한다. 이들은 상나라 갑골문과 도기 파편에 모두 붓으로 쓴 것이 있다는 사실은 전혀 모른다. 실제로 6천 년 전 앙소(仰韶) 반파(半坡) 유적지 도기 위의 채색화를 보면 붓으로 쓴 흔적을 확연히 볼 수 있다. 이를 통해 우리는 글씨를 붓으로 쓰는 것이 상나라 때 이미 보편적이었다는 사실을 확인할 수 있다.

083 붓 율

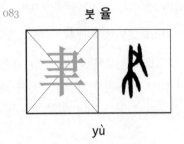

yù

율(聿)자는 필(筆)자의 원형이다. 갑골문의 율(聿)자❶는 한 손으로 털이 있는 붓을 쥐고 있는 것으로, 붓의 털 부분은 생략되기도 한다. 금문 자형❷ 또한 갑골문 모양과 같으며 털 부분이 생략되기도 한다.

『설문해자』에서는 "율(聿)은 글을 쓰는 도구이다. 초(楚)지역에서는 율(聿)이라고 하고 오(吳)지역에서는 불률(不律)이라고 하고, 연(燕)지역에서는 불(弗)이라고 한다. 율(聿)과 일(一)로 구성되었다. 율(聿)로 구성된 글자들은 모두 율(聿)이 의미부이다.(聿, 所以書也. 楚謂之聿, 吳謂之不律, 燕謂之弗. 从聿一. 凡聿之屬皆从聿.)"라고 하였다.

글자의 자연적 변화에 따라 율(聿)의 붓대 위에 둥근 점이 더해지고, 둥근 점이 짧은 필획으로 변했다. 그래서 허신은 이 글자가 붓의 모습을 묘사한 것임을 알지 못해 자형을 잘못 분석하였다.

붓은 대부분 대나무로 붓대를 만들기 때문에 율(聿)자에 붓대의 재료인 대나무 죽(竹)이 더해져 필(筆)자가 되었다. 붓에 먹물이 묻기 전에는 붓의 털이 흩어져 있지만, 붓을 먹물에 담그면 붓 끝이 모아져 글씨를 쓸 수 있으므로 붓의 털이 흩어지지 않은 모양으로 쓴 글자도 있다.

❶　　　　　❷

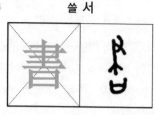

084 쓸 서

shū

갑골문에서 서(書)자인 는 먹물
통 위에 한 손으로 털이 달린 붓대
를 잡고 있는 모습으로, '붓에 먹물
을 묻혀 쓴다'라는 의미를 명확히
나타낸다.

금문 자형❶은 율(聿)을 의미부로 하고 자(者)를 소리부로 하는 형성자
가 되었다. 『설문해자』에서는 "서(書)는 저(箸)와 같이 '저술하다'는 뜻이다.
율(聿)이 의미부이고 자(者)가 소리부이다.(書, 箸也. 从聿, 者聲.)"라고 하였
다. 나중에 자형이 너무 복잡해지자 다시 갑골문에서처럼 현재의 서(書)자
모양으로 단순화되었다.

서(書)자의 본래 뜻은 '(글을) 쓰다'로, 후에 글을 써 내려간 '서책'으로
의미가 확장되었다.

❶

제10부 정부 관료 223

085

임금 군

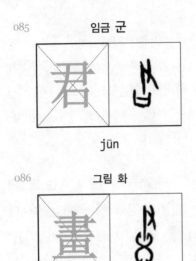

jūn

갑골문에서 군(君)자❶는 구조가
서(書)자와 비슷하다. 서(書)자는 붓
끝의 털이 흐트러진 모습이고, 군
(君)자는 붓 끝의 털이 모아진 모
습이다.

086

그림 화

huà

붓 모양이 어떤 글자의 한 부분으
로 들어가게 되면, 간혹 붓털에 대
한 묘사는 생략되기도 한다.

예를 들면 갑골문의 화(畫)자❷는
손에 붓을 들고 교차하는 무늬를
그리는 모습인데, 붓 끝의 털이 생
략된 🖋와 같은 형태이다.

❶　　　　　　❷

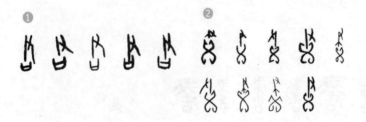

금문에서는 화(畫)자❸의 무늬가 복잡해진다. 소전은 여기서 한층 더 변화한다. 『설문해자』에서는 "화(畫)는 경계를 나눈다는 뜻이다. 율(聿)로 구성되었다. 밭이 네 개의 경계로 나뉜 모양을 형상화하였다. 율(聿)을 사용하여 이를 구분하였다. 화(畫)로 구성된 글자들은 모두 화(畫)가 의미부이다. 劃는 화(畫)의 고문체이다. 劃 역시 화(畫)의 고문체이다.(畫, 介也. 从聿. 象田四介. 聿所以畫之. 凡畫之屬皆从畫. 劃, 古文畫 劃, 亦古文畫.)"라고 하였다.

초기 글자에서는 붓이 '글'이나 '그림' 같은 의미를 표현했다. 이를 통해 상나라 때는 이미 붓으로 글씨를 쓰는 것이 보편적이었음을 알 수 있다. 갑골문의 군(君)자는 자형이 서(書)자와 비슷하여 먹물 통 위에 한 손으로 붓대를 쥐고 있는 모습이다. 이 글자의 의미는 붓을 들고 글씨를 쓰는 사람으로, '명령을 내리는 지도자'를 나타낸다.

율(聿)자와 서(書)자는 글을 쓰는 일을 나타내므로 붓털이 흐트러지게 그렸다. 윤(尹)자와 군(君)자는 붓을 들고 백성을 관리하는 일을 하는 사람을 강조하기 위하여 붓털을 생략하였다. 이는 글자를 만든 사람이 고안한 구별법이다. 이 글자들은 중국 고대 관리들이 교양 있고 글자를 쓸 줄 알았다는 중요한 정보를 전달한다.

❸

경쟁은 자연계가 생존을 위해 취하는 수단이다. 다른 집단과 자연 자원을 두고 다퉈야 할 때는 자신을 보호하기 위하여 가능한 모든 방법을 동원해야 상대를 제압할 수 있고, 무력은 줄곧 그 중에서 가장 효과적인 수단이었다. 특히 정착생활을 하는 농업 사회에서는 자신이 고생해서 경작한 성과를 침범당하고 약탈당하지 않도록 병력을 조직할 필요가 있었다. 심지어 비옥한 토지를 얻고 따뜻한 지역을 차지하고, 충분한 수자원을 확보하고 식량 생산을 보장하기 위해서 병력을 대규모로 구성하기도 하였다.

삶이 피할 수 없는 전쟁에 끊임없이 침해받으면, 사람들은 어쩔 수 없이 강력한 중앙집권체제 하에서 생존을 도모해야 한다. 또한 더욱 효과적으로 전투를 수행하기 위해서는 좋은 조직이 있어야 하며, 능력 있는 사람이 조직을 이끌어야 한다. 이러한 과정은 마침내 국가제도를 만들어내었다.

국가는 끊임없는 전쟁을 통해 성장하고 무사는 전투에 종사하는 구성원이기 때문에 서양에서 무사는 숭배의 대상이며 항상 최고 지도자이며, 일반 집정관도 군인이다. 그러나 중국에서는 무력을 사용하는 것은 찬미를 받지 못하며, 무사도 종종 존중받지 못한다. 윤(尹)자와 군(君)자의 유래를 보면 상나라에서는 글자에 통달하는 것이 관리의 필수 능력임을 알 수 있다. 중국은 농업으로 세워진 나라여서 토지대장을 만들 필요가 있었고, 국민들은 조세와 군 복무를 해야 할 책임이 있었기 때문에 문서작성 기법의 필요성을 강조하였을 것이다.

한나라 백옥 학사 입체조각. 높이 5.4센티미터,
서한(西漢) 시대. 기원전 206~서기 25년.

087 역사 사

史

shǐ

088 벼슬아치 리

吏

lì

089 일 사

事

shì

윤(尹)은 비교적 높은 계층의 지도자로, 실제 일을 하는 것은 지위가 낮은 이(吏)이다. 갑골문과 금문에서, 사(史), 이(吏), 사(事)는 모두 사(史)자가 변화한 것이다.

갑골문의 사(史)자❶는 손에 물건을 들고 있는 모습이다. 이것은 분명 사(史)의 직무에 종사하는 사람이 공무를 수행하기 위한 물건일 것이다. 사(史)는 주관자 혹은 통치자의 보좌관으로, 주요 업무로 일의 경위와 과정, 그리고 의사 결정을 기록했다. 그러므로 갑골문의 사(史)자가 손에 들고 있는 물건은 글을 쓰는 목판과 목판을 두는 받침일 것이다.

❶

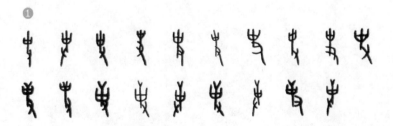

당시 글을 쓸 때는 일반적으로 한 줄로 쓰는 죽간을 사용했다. 그러나 만약 조정에서 정책을 입안하거나 토론하는 과정을 기록할 때에도 한 줄로 쓰는 죽간을 사용해 적는다면 매우 불편할 것이다. 자주 죽간을 바꿔야 할 뿐만 아니라 나중에 죽간의 순서를 다시 배열해야 해서 신경 쓸 것이 많기 때문이다. 따라서 많은 행을 쓸 수 있는 목판이 편리하고 실용적이다.

금문 자형❷은 대체로 원래 의미를 나타내는 중요한 부분을 보존하고 있다. 『설문해자』에서는 "사(史)는 일을 기록하는 사람이다. 우(又)로 중(中)을 잡는 모습으로 구성되었다. 중(中)은 바르다는 뜻이다. 사(史)로 구성된 글자들은 모두 사(史)가 의미부이다.(史, 記事者也. 从又持中. 中, 正也. 凡史之屬皆從史.)"라고 하였다. 그러나 ⬚ 모양의 중(中)은 명령을 내리는 깃발의 모습으로 무리의 영역 중앙에 세우는 것이지 손에 들 수 있는 작은 물건이 아니다.

목판의 모양은 본래 직사각형이다. 그러나 만약 그대로 그려낸다면, 중(中)자의 모양과 혼동될 수 있기 때문에 아래쪽 획을 구부려 튀어나오게 그렸는데, 이는 글자를 만들 때 의도적으로 현실을 왜곡한 것이다. 예를 들면 악기를 치는 막대는 모두 곧지만 때리는 목적의 막대와 구분하기 위하여 구부러진 모양으로 그린다.

❷

예를 들어 경(磬)❸은 손에 막대를 들고 석경을 치는 악기 모양이다. 곡(瞉)자❹는 손에 막대를 들고 쇠뿔을 두드리는 모습이다. 그리고 한 정인(貞人: 상나라 때 왕 대신에 신령에게 점치는 내용을 물어보는 관직명)의 이름인 각(殻)❺은 손에 막대를 쥐고 남형이라는 종을 치는 모습이다.

그래서 갑골문의 사(史)자는 아마도 한 손에 목판을 놓아두는 받침을 들고 있는 모습일 것이다(여기에 붓을 들고 쓰길 기다리는 다른 한 손은 나타나지 않았다). 이는 도구로 그 도구를 사용하는 사람을 표현하는 방법이다. 이집트의 신성문자도 흔히 도구로 직업을 나타내곤 한다.

사(史)는 기록하고 기록을 보존하는 일을 하는 사람으로, 다른 일을 겸하기도 하여, 후에 사(史), 이(吏), 사(事)의 세 글자로 분리되었다. 금문에서 이(吏)자는 史의 한 형태만 있으며, 사(史)자와 거의 구분되지 않고 받침의 모양만 조금 다를 뿐이다. 『설문해자』에서는 "이(吏)는 다스리는 사람이다. 일(一)로 구성되었고, 사(史)로 구성되었다. 사(史)는 소리부이기도 하다.(吏, 治人者也. 從一從史. 史亦聲.)"라고 하였고, 또 "사(事)는 관직이다. 사(史)가 의미부이고, 지(之)의 생략된 형태가 소리부이다. 㝯는 사(事)의 고문체이다.(事, 職也. 从史, 之省聲. 㝯, 古文事.)"라고 하였다. 문자학적 관점에서 보면 사(史)자, 이(吏)자, 그리고 사(事)자는 모두 손에 같은 물건, 즉 목판을 들고 있으며, 직무도 서로 관련이 있다.

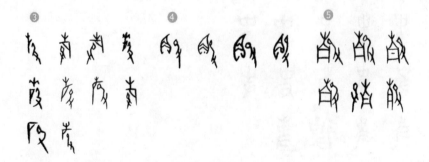

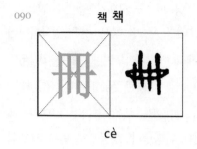

090

책 책

cè

고대의 일부 직업이나 관직은 세습되었는데, 작책(作冊)도 그 중 하나이다. 그러므로 청동으로 만든 그릇에 적힌 부족의 휘장 부호에는 흔히 이름에 책(冊)자를 덧붙여 그들의 가문이 대대로 작책을 지내는 것을 나타내었다.

갑골문의 책(冊)자❶는 많은 죽간을 끈으로 묶어 하나의 간책으로 엮은 모습이다. 금문 자형❷은 대체로 원래의 모습을 그대로 유지하고 있다.

❶

❷

『설문해자』에서는 "책(册)은 임금의 명령이다. 제후가 왕에게 받는 것이다. 그 죽간 길이가 길고 짧으며, 가운데를 두 번 묶은 것을 형상화하였다. 책(册)자로 구성된 글자들은 모두 책(册)이 의미부이다. 册는 책(册)의 고문체로, 죽(竹)으로 구성되었다.(册, 符命也. 諸侯進受於王者也. 象其札一長一短, 中有二編. 凡册之屬皆从册. 册, 古文册. 从竹.)"라고 하였다. 책(册)자는 본래 특정한 용도가 있는 문서를 나타냈다. 청동으로 만든 그릇의 명문이 반영하듯이 주나라 왕이 정식으로 제후에게 상을 줄 때는, 먼저 하사하는 글을 작책이 간책에 쓰고, 작책이 하사하는 내용을 읽고 이 책을 상을 받는 사람에게 주면 상을 받는 사람은 이를 허리에 차고 식장을 떠났다.

사(史)와 작책의 업무는 비록 모두 글을 쓰는 것과 관련 있는 관직이지만 성격은 완전히 달랐다. 사(史)는 현장을 기록하는 것으로, 많은 행을 쓸 수 있는 목간을 사용하여 현장에서 기록하였다.

작책은 명령을 받아 사전에 하사하는 글을 여러 개의 죽간에 적은 후 죽간을 묶어서 한 권으로 만들어 상을 받는 사람이 들고 나갈 수 있도록 한다.

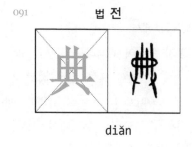

법 전

diǎn

갑골문에서 전(典)자❶는 가는 줄로 묶어 책으로 만든 전적을 두 손으로 들고 있는 모습이다. 전(典)자는 일반적인 책이 아닌 중요한 전적을 가리킨다. 편폭이 길고 죽간의 수량도 많아 중량도 무거워 두 손으로 받쳐 읽어야 한다.

전(典)자 중에 한 손만 있는 자형은 필획이 생략된 결과이다. 두 손 사이에 작은 가로획은 책(冊)자와 구분하기 위한 것이다. 금문 자형❷에서는 무슨 까닭인지 두 손이 받침대인 기(丌)가 되었다.

『설문해자』에서는 "전(典)은 오제(五帝)의 서책이다. 책(冊)이 기(丌) 위에 있는 모습으로 구성되었으며, 귀하게 여겨 잘 보관한다는 뜻이다. 장도(莊都)는 '전(典)은 큰 책이다.'라고 하였다. 典은 죽(竹)을 의미부로 한 전(典)의 고문체이다.(典, 五帝之書也. 从冊在丌上, 尊閣之也. 莊都說 : 典, 大冊也. 典, 古文典从竹.)"라고 하여, 이 자형이 전적에 대한 존경을 나타내기 위하여 책을 낮은 받침대 위에 올려놓은 것이라고 해석하였다. 장도(莊都)는 전(典)자가 '큰 책이라는 의미라고 하였는데, 큰 책이어야 두 손으로 받쳐 들고 읽을 필요가 있으므로 원래의 의미에 비교적 가깝다고 할 수 있다.

❶   ❷

무당 무

wū

갑골문에서 무(巫)자❶는 두 개의 I자 모양이 교차하는 도구의 모습이다. 금문의 서(筮)자인 巫를 통해 무(巫)자가 법술을 시행할 때 사용하는 도구로 무(巫)의 직무를 지칭하는 것임을 추측할 수 있다.

서(筮)자인 巫는 세 부분으로 구성되어 있는데, 가장 위쪽은 죽(竹)자로 도구의 재료이고 가장 아래는 공(廾)자로 도구를 다루는 두 손을 나타낸다. 중간의 무(巫)자는 도구의 모습이다. 『설문해자』에서는 "서(筮)는 길이가 여섯 치로 책력을 계산하는 것이다. 죽(竹)과 농(弄)으로 구성되었다. 말을 자주하면 그릇될 일이 없다.(筮, 長六寸, 所以計厤數者. 从竹·弄. 言常弄乃不誤也.)"라고 하였다.

서(筮)자는 '도구를 이리저리 움직여 숫자를 하나 얻는다'는 뜻인데, 그 숫자가 홀수인지 짝수인지로 일의 길흉을 판단하였다.

❶

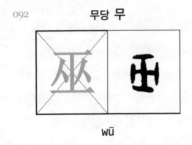

무(巫)와 서(筮)자의 자형과 의미를 종합하면 무(巫)는 대나무로 만든 길이가 약 여섯 치인 산가지이고, 산가지의 배열을 이용해 숫자 하나를 얻어서 이 숫자로 길흉을 판단하였다. 『설문해자』에서는 "무(巫)는 기원하다는 뜻이다. 여인이 보이지 않는 것을 섬길 수 있어서 춤을 춰 신을 내리게 하는 것이다. 양 쪽 소매로 춤추는 모습을 형상화하였다. 공(工)과 같은 뜻이다. 옛날에 무함(巫咸)이 처음으로 무당이 되었다. 무(巫)로 구성된 글자들은 모두 무(巫)가 의미부이다. 𦎫는 무(巫)의 고문체이다.(巫, 巫祝也. 女能事無形, 以舞降神者也. 象人兩褒舞形. 與工同意. 古者巫咸初作巫. 凡巫之屬皆从巫. 𦎫, 古文巫.)"라고 하였다. 여기서 무(巫)의 자형을 무당이 춤을 추는 모습이라고 해석한 것은 명백히 잘못되었다.

무(巫)의 주요 직무는 점으로 미래의 길흉을 예측하는 것이다. 점을 치는 방법은 거북이점을 사용할 수도 있고 시초점을 사용할 수도 있다. 시초점은 그림으로 표현하기 비교적 쉬워서, 글자를 만들 때 시초점의 점술도구인 교차하는 산가지로 무당의 직무를 표현하였다. 『귀장(歸藏)』에서는 "황제(黃帝)가 전쟁을 앞두고 무함(巫咸)에게 점을 쳤다.(黃帝將戰, 筮於巫咸)"라고 하였는데 이 역시 무(巫)의 직무가 전통적으로 점을 치는 것이었음을 입증한다.

무(巫)의 직업은 먼 옛날 미개 시대가 아니라 원시 종교 개념이 만들어진 이후에 생겼다. 사람들은 위력이 매우 크고 이해할 수 없는 자연에 대해 궁금증과 두려움이 생기기 시작했고, 상상을 통해 신령을 만들어냈다. 신령은 사람과 직접 말할 수 없기 때문에 어떻게 원하는 바를 전달하고 어떻게 신의 지시를 받는지는 두말할 필요 없이 매우 중요한 일이다. 만약 누군가 귀신과 소통할 수 있는 능력이 있다면 그는 분명 사람들의 신뢰와 존경을 받을 것이다.

예를 들어, 일반인들은 갑골을 태워 표면에 생긴 무늬를 읽는 방법을 알지 못하지만, 무당만은 짧은 시간 내에 갑골을 태워 답을 얻을 수 있었기 때문에 무(巫)는 고대 사회에서 숭고한 지위를 누렸다.

아직 계급이 나누어지지 않은 초기 사회에는 사람마다 사회적 지위가 평등했기 때문에 특수한 능력을 갖추고 귀신과 소통할 수 있는 사람은 가 윗일로 의뢰를 받았을 뿐 특별한 사회적 지위도 없고 전문분야로 인정받지 도 못했다. 사회에 계급이 생기고 다른 사람을 통제할 수 있는 지도자가 생 긴 후에는 신의 세계 역시 등급이 생기고 지극히 높은 하느님도 생겼다. 이 때는 종교 활동 역시 생활의 중요한 부분이 되었기 때문에 전문 성직자가 높은 사회적 지위와 신망을 누렸다.

중국 최초로 정부 조직이 생기고 계급이 나누어지고 사회적인 제약이 강화되어 제도화한 것은 황제(黃帝)의 시대였다는 전설이 있다. 이 시기는 전설의 전문적인 무당도 등장한다. 『장자·응제왕(應帝王)』과 『열자·황제』에 는 모두 "황제 때에는 무함(巫咸)이 있었다.(黃帝時有巫咸)"라는 기록이 있 는데, "사람의 삶과 죽음, 재앙이나 복, 장수를 누릴지 단명할지 알 수 있다. 어떤 사람이 어느 해, 몇 월, 며칠에 죽을지 알 수 있는데 신처럼 정확하 다.(知人死生存亡, 禍福壽夭, 期以歲月旬日, 若神.)"라고 하였다. 이것은 무 당이 나타난 시대에 대한 가장 이른 기록이다.

정령은 사람이 상상해 낸 것이라 사람처럼 욕구가 있다고 여겨졌다. 사 람들은 신령을 기쁘게 할 방법을 강구하고, 신령이 복을 내려주고 또는 재 난을 피할 수 있도록 도와주기를 원했다. 어떻게 하면 이를 미리 알아서 제 사를 지낼 때 최대의 효과를 얻을 수 있을까? 이는 바로 무당이 점을 쳐서 이 신령이 도움을 줄 수 있는지, 그리고 어떤 제물을 바치는 것이 가장 좋 을지 확인하는 것이다. 그래서 점을 치는 것은 무당의 가장 오래된 직무였 다. 중국에는 5천여 년 전에 이미 뼈에 점을 치는 관습이 있었음을 발견했는데, 전설의 황제 시대보다 더 이른 시기라서 아마 무당이 아직 전문적이지 않던 시대였을 것이다.

고대 무당의 가장 유용한 능력은 사람을 대신하여 병을 치료하는 것이었다. 『산해경』의 대황서경(大荒西經)과 해내서경(海內西經) 등에는 "무함(巫咸), 무즉(巫卽), …… 열 명의 무당들이 산을 오르내렸다. 온갖 약들이 있었다.(巫咸巫卽…… 十巫從此升降, 百藥爰在.)"나 "모두 불사의 약을 쥐고 있었다.(皆操不死之藥)" 등의 기록이 나타난다. 이처럼 무당이 오르내리는 하늘 궁궐에는 각종 약물이 있고, 그들은 사람을 죽지 않게 하는 약물을 관리한다고 한다. 무당은 굿을 할 때 정신이 황홀하고 광란의 상태에 이르면 환각 상태가 되어 귀신들과 대화하거나 위험한 동작을 감행할 수 있었다. 이런 경지는 노래와 춤만으로는 도달할 수 없기 때문에 약물의 도움을 받아야 했다. 때로는 환자에게도 약을 먹여 환각 상태로 만들고 굿을 하기도 했다.

무당은 질병에 대한 대응과 치료 경험이 다른 사람보다 훨씬 풍부했고, 약물과 증상의 관계를 지속적으로 습득하여 점차 약물 치료에 뛰어난 의사로 발전하였다. 그래서 중국 전설 속 초기 명의들은 모두 무(巫)의 신분을 가지고 있다. 『설문해자』에서는 "옛날 무팽(巫彭)이 처음으로 의사가 되었다.(古者巫彭初爲醫.)"라고 하여 처음 의사 일을 한 사람이 무당이었다고 하였다.

병을 고치는 것 외에 무당은 비바람을 조절하는 신기한 마력이 있어야 한다. 그래서 『주례·사무(司巫)』에서는 "나라에 큰 재난이 있으면 무당을 거느리고 그가 늘 하는 굿을 하였다.(國有大災, 則帥巫而造巫恆)"라고 하였다. 이처럼 무(巫)는 늘 바람을 안정시키고 비를 내리게 하는 일을 하였다.

상나라 복사는 자주 바람이 평안할지 물었다. 바람과 비는 서로 밀접한 관련이 있다. 중국은 농업으로 세운 나라이다. 농사가 풍작일지 여부는 비의 양과 시기에 크게 좌우된다.

화북(華北)은 여름에 가뭄이 자주 든다. 상나라 때는 비를 기원할 때 두 가지 방법을 썼는데, 하나는 춤을 추는 것이고 다른 하나는 무당을 불에 태우는 것인데, 가끔 토룡을 세우기도 했다. 불태워진 사람은 모두 무당이었지, 일반 범죄자나 노예가 아니었다. 점을 쳐서 비를 기원할 때 불태워진 사람은 모두 이름이 있는 중요한 사람이었다. 또한 하나라의 우임금과 상나라의 탕임금은 모두 가뭄을 해결하기 위해 스스로 비를 구했다는 문헌 기록도 있다. 이러한 방법은, 아마도 순진한 생각에서 나온 것일 텐데, 하느님께서 그의 대리인이 불에 타는 고통을 받게 하는 것을 참을 수 없어서 비를 내려 무당의 곤궁을 풀 수 있도록 하길 기대하는 것이다. 그러나 이런 방식은 너무 잔인하고 고통스러워서 무당조차도 시도해보려 하지 않았다. 그래서 상나라 때는 무당을 불태우는 방법은 적게 사용했고 음악을 연주하고 춤을 추는 방법을 많이 사용했다.

그러나 이러한 관습은 춘추시대에도 언급된다. 『좌전』에 노나라 희공(僖公) 21년과 『예기·단궁(檀弓)』에 모두 무당을 불에 태워 가뭄을 구해야 한다는 기록이 있다. 고대에는 무당이 늘 생명의 위험을 무릅쓰고 굿을 했거나 약물을 먹은 뒤 위험한 행동을 했던 것으로 보인다.

무당은 상나라 때, 살아있을 때는 기이한 능력으로 귀신과 소통하여 대중의 존경을 받았다. 만약 무당을 불태우는 방식으로 비를 구하면, 무당이 순직하게 되어 사후에도 신령으로 여겨 제사를 지냈다. 복사에 동무(東巫), 북무(北巫), 사무(四巫) 같은 제사를 받는 무당 이름이 나온다. 사방에 모두 무당의 신령이 있음을 알 수 있다. 그러나 다른 관리들에 대해서는 제사를 지냈다는 기록이 없다.

전국 시대에 무당의 직무는 여전히 주로 기우제를 지내 가뭄을 해소하거나, 굿으로 병을 치료하거나, 장례나 제사 때 귀신과 소통하는 것이었다. 그러나 지위는 상나라 때에 비해 크게 낮아졌다.

후세에는 약물로 병을 치료하는 사람을 의(醫)라고 하고, 기도 등 심리적인 방법으로 치료하는 사람을 무(巫)라고 하였다. 상나라 때는 무(巫)만 나타나고 의(醫)는 나타나지 않는다.

전국 시대 이후의 사람들은 귀신을 잘 믿지 않아서, 노래를 부르고 주문을 외우고 춤을 춰서 귀신과 소통하고 병을 치료하는 사람을 다소 경멸하였다. 그러나 원시 종교의 미신이 팽배했던 고대에는 국내외에 관계없이 귀신들과 소통할 수 있는 사람은 모두 존경 받았고, 매우 높은 지위를 누렸으며, 심지어 문명도 그들의 노력 덕택에 많은 발전을 이루었다.

무(巫)는 문화 발전에도 공헌하였다. 제사를 지낼 때 신령을 기쁘게 하기 위했던 음악과 춤은 후세에 연극, 음악, 춤 등의 예술로 발전되었다. 문자의 사용 역시 그들의 손에 의해 발전이 가속화되었다. 상나라 갑골문은 그들이 남긴 점복 기록이다. 중국에서 조정의 기록은 사관이 관리했으나 초기에는 무당의 필요에 의해 시작되었다. 일반 사람들은 단지 자신이 가지고 있는 재물만 기록하면 되지만 무당은 각종 신의 마력과 귀신과 소통하기 위한 경문, 굿을 하는 방법 등을 기록해야 했다. 이러한 복잡한 기록은 정밀한 체계를 갖춘 문자가 있어야 하므로 기록 체계의 발전을 촉진하였다. 서양에서도 이와 같은 이유로 줄곧 승려가 책을 관장하여 지식의 원천이 되었다.

093 빌 축

zhù

축(祝)은 후대에 무(巫)와 비슷한 일을 하는 관원이어서 무(巫)와 합쳐 무축(巫祝: 무당과 박수)이라는 단어가 만들어졌다.

갑골문에서 축(祝)자❶는 사람이 조상의 신위인 시(示)자 앞에서 절을 하거나 입을 벌리고 기도를 하거나 두 손을 들어 기도하는 모습을 나타낸 모양이다. 금문 자형❷은 이 세 가지의 자형을 유지하고 있다.

『설문해자』에서는 "축(祝)은 제사 때 주인의 복을 말로 빌어주는 사람이다. 시(示)로 구성되었고 또 인(儿)과 구(口)로 구성되었다. 일설에 태(兌)의 생략된 형태로 구성되었다고도 한다. 『주역』에서 '태(兌)는 입이고 무(巫)이다.'라고 하였다.(祝, 祭主贊詞者. 从示·从儿·口. 一曰从兌省. 易曰 : 兌為口·為巫)"라고 하였다. 소전은 한 자형만 보존하고 있다. 축(祝)은 무(巫)의 직업과 관련 있으며, 명사로도 사용한다.

❶

❷

그러나 축(祝)자는 갑골 복사에서 직위의 호칭이 아니라 동사인 '기원하다'라는 의미로 많이 사용되며, 축원의 대상 역시 조상신이 주를 이룬다. 일반적으로 조상신의 능력은 자연신보다 못하다. 만약 축(祝)이 상나라 때도 관직이었다면, 그들이 자연신과 적극적으로 소통하는 능력이 없었다는 점에서, 축(祝)의 지위는 무당보다 낮았을 것이다.

전국 시대에 사람들이 미신을 덜 믿게 되고 제사가 정례 의식이 되면서, 축(祝)은 더 이상 굿을 한다는 의미를 갖지 않게 되었다. 그래서 왕의 대변인이 된 축(祝)은 『주례(周禮)·소축(小祝)』에서 말하는 국왕을 대신해 복과 상서로움을 빌고, 풍년이 들고 제때 비가 오게 하고, 바람이나 가뭄이 없고 재앙이나 전쟁이 없고 죽음이나 질병을 멀리하게 하는 등 국가의 큰일을 대행하였다. 축(祝)은 항상 왕정을 섬기고 사람들의 존경을 받았기 때문에, 무(巫)처럼 점점 몰락해 사람들의 존중을 받지 못하고 심지어 경멸을 받는 직업이 되지 않았다. 상나라와 주나라의 문헌을 보면 무(巫)와 축(祝)의 일은 매우 달랐다.

장인 공

gōng

갑골문 복사에서 '백공(百工)'이라는 단어는 상나라 왕의 관리들을 가리키는 말인데, 이 글자가 관리라는 뜻으로 쓰인 이유를 알아보도록 하자.

갑골문의 공(工)자❶의 초기 자형은 吕이고, 후에 간략화 하여 工가 되었다. 금문의 공(工)자❷는 모두 후자에서 비롯되었다. 『설문해자』에서는 "공(工)은 교묘하게 꾸미는 것이다. 사람이 곱자를 가지고 있는 것을 형상화하였다. 무(巫)와 같은 뜻이다. 공(工)으로 구성된 글자들은 모두 공(工)이 의미부이다. 㠭은 공(工)의 고문체로 삼(彡)으로 구성되었다.(工, 巧飾也. 象人有規矩. 與巫同意. 凡工之屬皆从工. 㠭, 古文工. 从彡.)"라고 하였다. 그러나 그는 실제로 이 글자의 소전 자형 혹은 초기 자형의 안에 어떻게 사람의 형상이 있는지는 밝히지 못했다.

공(工)의 자형에 대해 학자들은 서로 다른 의견을 가지고 있다. 도끼로 나무를 베는 것이 수공예의 가장 기본적인 공정이라서 돌도끼라고 생각거나, 혹은 옥을 쪼는 것이 다른 기예로 발전했기 때문에 옥을 한 줄로 꿴 모습이라 생각하거나, 혹은 직선을 그리는 직사각형 모양의 도구나 실을 감는 도구라고 하였다. 공(工)자의 유래를 탐구하려면 공(攻)자에서 접근을 시작해야 한다.

❶

❷

칠 공

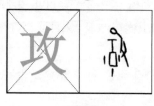

gōng

공(攻)의 갑골문은 사람 이름이다. 자형 ∤는 한쪽 손에 휘어진 막대를 들고 공(工)자 모양의 물건을 두드리고 있고, 세 개의 작은 점이 사방에 있는 모습이다.

갑골문 자형에서 구부러진 막대는 어떠한 효과를 내고자 하는 희망을 표현하기 위해 원래 곧은 막대를 의도적으로 구부러진 모양으로 그렸다. 이러한 예는 여러 글자에서 나타난다.

공(工)자는 공(攻)자에서 분명히 두드리는 대상이지 목재를 벌목하거나 직선을 그리거나 측량하거나 방직하는 도구가 아니다.

갑골문에서 굽은 막대인 수(攴)자는 항상 악기나 식기에 사용되는 글자로, 손에 막대를 들고 때리거나 쫓는 곧은 막대기인 복(攵)자와 매우 다르다. 공(工)자는 일종의 악기일 가능성이 높은데 예를 들면 종이나 경 등이 매달린 악기 모양이다. 상나라 유적지에서 나타나는 좁고 평평한 형태의 석경이 아마도 공(工)자에 그려진 악기일 수 있다.

경(磬)은 돌로 만든 악기의 명칭으로 하나의 석경은 한 음높이의 음만 낼 수 있다. 경은 만들 때, 음높이를 조절하는 과정이 필요하다. 경의 음 높이를 조절하는 포인트는 경체를 원하는 두께와 너비가 되도록 조절하는데 있다. 경의 표면을 깎아 얇게 하면 음이 낮아지고 경의 가장자리를 깎으면 음이 높아진다. 이 때문에 음을 낮추려면 경의 표면을 갈아서 얇게 하면 되고 음을 높이려면 경의 가장자리를 갈면 된다.

이렇게 깎고 다듬어 경을 두드리는 조음 방식에 대해 『고공기(考工記)』에 "음조를 높이려면 경체의 옆을 갈아야 하며, 음조를 낮추려면 경체의 표면을 갈아야 한다.(已上則摩其旁, 已下則摩其耑端.)"라는 기록이 있다.

갑골문의 공(攻)자는 석경 아래에 세 가지 작은 점이 있는데, 긁어낸 돌 부스러기의 형상이다.

깎은 석경의 표면이나 양쪽에 돌 부스러기가 생기는 것은 석경의 음을 교정하는데 필수적인 과정이자 모습이다. 음을 교정하는 것은 음의 품질을 개선하기 위한 것으로 공(攻)자 역시 '항상 더욱 좋은 효과를 얻길 기대한다'라는 확장된 의미가 있다. 이렇게 보면, 공(攻)자의 의미는 막대기로 매달린 석경을 두드리고 석경의 몸체를 깎고 갈아 돌 부스러기를 흘리며 음을 조절하는데서 유래되었다.

『설문해자』에서는 "공(攻)은 공격하다(擊)는 뜻이다. 복(攴)이 의미부이고 공(工)이 소리부이다.(攻, 擊也. 从攴, 工聲.)"라고 하였는데, 단순히 공(攻)자를 하나의 형성자로만 볼 뿐, 공(工)자의 의미가 어떻게 형성되었는지에 대한 핵심은 파악하지 못했다.

공(攻)자로 공(工)이 매달린 경악기의 형상임을 확실히 알 수 있었다. 그런데 왜 악기로 관원을 나타내야 했을까?

고대 미신 시대에는 음악이 신과 같은 힘을 가지고 있고 귀신을 불러와 복을 얻을 수 있다고 믿었다. 그래서 음악은 국가가 관리하는 중요한 영역이었다. 악사는 제전에 참여하는 소수의 사람 중의 하나로, 말할 것도 없이, 그들의 신분이 다른 장인들보다 높으며, 심지어는 일반 관리보다 높았다. 그러나 음악이 점차 오락 활동으로 변하고 종사하는 사람이 늘어나고 신비성도 떨어지자 지위도 따라서 떨어졌다. 가장 먼저 백관과 동급으로 '백공(百工)'이라 불렀으나, 후에는 일반 장인과 묶일 정도로 지위가 낮아졌다.

096

말 사

辭

ci

공(工)자가 나타내고자 하는 것은 제조 공예와 관련 있는 일인데, 후에 제조업을 관리하는 관원을 부르는 말이 되었다. 사공(辭工)은 토목 사업을 관리하는 관원으로 후에 사공(司空)으로 바뀌었다. 토지 사업을 관리하는 사토(辭土)는 후에 사도(司徒)로 바뀌었다. 군사를 관리하는 사마(辭馬)는 후에 사마(司馬)로 바뀌었다.

그렇다면 사(辭)자의 유래를 살펴보면 이 세 관직의 의미를 알 수 있을 것이다.

금문에는 사(辭)자❶가 많이 나타나는데, 이들 글자를 분석하면, 초기 형태는 🔣이고, 🔣와 🔣의 두 부분으로 이루어졌다. 🔣자는 또 몇 개의 부분으로 구성되어 있다. 8는 실타래를 상징하고, 工은 실을 마는 실감개의 모습이다. 그래서 🔣는 두 손을 실감개의 위아래 양 쪽에 두고 헝클어진 실을 정리하는 모습을 나타낸다. 🔣는 갈고리 모양의 바늘 모습이다. 사(辭)는 '다스린다'는 뜻이다. 사(辭)자가 한 손으로 실감개의 실 한 묶음을, 다른 한 손에는 갈고리 모양의 바늘을 들고 헝클어진 실을 정리하는 것을

❶

나타내서 '다스리다'라는 뜻을 가지게 되었다고 추론할 수 있다.

🜋자는 후에 의미 없는 부호인 구(口)가 붙어 🜋이 되었다. 이는 흔히 있는 문자 변화 양상이다. 『설문해자』에서는 "사(辭)는 말하다라는 뜻이다. 난(𤔔)과 신(辛)으로 구성되었다. 난(𤔔)과 신(辛)은 죄인을 재판한다는 뜻이다. 🜋는 주문체로 사(辭)가 사(司)로 구성된 것이다.(辭, 說也. 从𤔔辛. 𤔔辛猶理辜也. 🜋, 籒文辭从司.)"라고 하여 이것이 후에 사(辭)자가 되었음을 인지하였다. 사(司)자가 코바늘처럼 생기지 않아서 코바늘처럼 생긴 신(辛)자로 변한 것이다.

한자는 글자가 만들어졌을 때의 중심 의미 외에 매우 많은 관련된 의미를 가질 수 있다는 특징이 있다. 해를 본 따 만든 상형자인 일(日)자는 '하루'라는 의미도 가지고 있다. 한자는 긴 시간 동안 의미가 확장되면서 때로는 그리 상관없거나 심지어는 반대의 뜻을 가지기도 한다. 예를 들어 난(亂)자는 주나라 때 '잘 다스린다'와 '어지럽다'는 상반된 의미를 동시에 가지고 있었다. 예를 들어, 『상서·고도모(皋陶謨)』의 "잘 다스리면서도 공경한다 (亂而敬)"나 『상서·태서(泰誓)』의 "나에겐 잘 다스리는 신하 10명이 있다 (予有亂臣十人)"의 난(亂)자는 '잘 다스린다'는 뜻이다.

『설문해자』에서는 "난(亂)은 다스리다라는 뜻이다. 을(乙)로 구성되었다. 을(乙)은 다스리는 것이다. 난(𤔔)으로 구성되었다.(亂, 治也. 从乙. 乙, 治之也. 从𤔔.)"라고 하여 난(亂)자가 '다스리다'라는 뜻이 있음을 설명하였다. 을(乙)은 분명 𠃌의 변형으로, 난(亂)자의 유래 역시 '실이 헝클어져 코바늘로 이를 풀어야 한다는 것에서 '어지럽다'는 뜻이 생겼다. 실이 헝클어지면 이를 정리해야 하고 실마리를 잡아야 해 '다스린다'는 뜻도 있다.

이 외에 갑골문에서 절(絕)자❷는 실 두 가닥을 잘라 여러 토막으로 만든다는 의미에서 '단절하다'라는 뜻이 있다. 금문의 ![금문]는 세 개의 짧은 가로선을 이어 도(刀)자가 되었다. 『설문해자』에서는 "절(絕)은 실을 끊는다는 뜻이다. 도(刀)와 사(糸)를 의미부로 하고 절(卩)을 소리부로 한다. ![고문]는 절(絕)의 고문체로, 이어지지 않고 끊어진 두 개의 실을 형상화하였다.(絕, 斷絲也. 从刀糸卩聲. ![고문], 古文絕, 象不連體絕二絲)"라고 하여 갑골문과 금문의 자형이 절(絕)자가 되었음을 알고 있었다.

고문자는 바로 쓴 것과 반대로 쓴 것을 구분하지 않는다. 절(絕)의 고문자는 반대로 쓰면 계(繼)가 된다. 『설문해자』에서 "계(繼)는 계속하다는 뜻이다. 糸와 ![계]로 구성되었다. 계(繼)는 계(繼)의 혹자체인 계(繼)인데, ![계]를 반대로 한 것이 계(繼)이다.(繼, 續也. 从糸![계]. ![계], 繼或作![계], 反![계]爲![계])"라고 하였다. 그러므로 계(繼)와 절(絕)의 고문자형은 바로 쓴 것과 반대로 쓴 것의 차이이고 모두 방직 작업에서 유래되었다. 실이 흐트러지면 칼로 자르고 다시 이어야 하므로 '단절'과 '접속'의 두 가지 의미로 변화했다.

❷

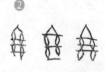

097

맡을 사

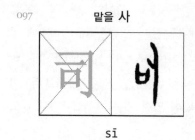

si

금문 자형인 🐚의 생략된 형태가 사(司)자이다. 왜 그런지는 알 수 없으나 갑골문에는 사(司)자만 있고 사(辭)자는 없다. 갑골문의 사(司)자❶는 사(辭)자의 생략형으로 의미도 여기서 유래되었을 것이다.

코바늘과 용기의 자형 조합에서 봤을 때, 아마도 실을 처리한 후 바구니에 넣은 모양에서 비롯되었을 것인데, 더 발전된 후속 연구를 기대한다.

금문의 자형은 변하지 않고 유지되었다.❷ 『설문해자』에서 "사(司)는 신하가 바깥의 일을 맡아 하는 것이며, 후(后)를 뒤집은 모습으로 구성되었다. 사(司)로 구성된 글자들은 모두 사(司)가 의미부이다.(司⃝, 臣司事於外者. 从反后. 凡司之屬皆从司.)"라고 하였는데, 의미가 어떻게 만들어졌는지 해석하지 않고 후(后)를 거꾸로 쓴 것만 분석하였다.

❶ ❷

『설문해자』에서 "후(后)는 선왕의 뒤를 잇는 임금이다. 사람의 모습을 형상했다. 구(口)로 구성되었다. 『주역』에 '후(后)는 명령을 내려 사방에 알렸다.'라고 하였다. 후(后)로 구성된 글자들은 모두 후(后)가 의미부이다.(后, 繼體君也. 象人之形. 从口. 易曰 : 后以施令以告四方. 凡后之屬皆从后.)"라고 하여 임금이 입으로 명령을 내려 사방에 알린 것을 형상화했다고 하였다.

　문제는 이 글자가 결코 사람의 모습으로 구성된 것이 아니고, 사람은 모두 입이 있는 만큼 사람의 입만으로는 실제로 군왕의 의미를 알기 어렵다는 것이다.

후기

『유래를 품은 한자』 제3권과 제4권의 주제는 일상생활이다. 이 주제에 관한 글자는 인류의 주요 활동과 관련된 내용이 풍부하여 두 권으로 나누어 다루었다. 제3권 『일상생활』❶에 소개된 글자들은 음식과 의복을 담고 있고, 제4권 『일상생활』❷에 소개된 글자는 주거와 도로를 담고 있다.

음식편은 음식의 종류, 채취와 가공, 조리 방법, 술에 쓰는 도구 및 연회석상에서의 예절을 소개한다.

의복편은 유목과 농경의 다른 생활방식, 옷의 마름질, 의복과 관련된 부품과 장식 등을 소개한다.

주거편은 거주지 선정, 수재를 극복하고 평지로 발전하는 과정, 건축의 형식, 방의 구분과 장식, 가구와 주거환경의 개선을 소개한다.

이동편은 교통의 역할, 도로의 건설, 수레, 가마, 배의 건조, 도로의 위험성과 여관의 설치를 소개한다.

역자 후기

1986년 겨울로 기억된다. 벌써 아련한 35년 전의 일이다. 허진웅 교수님께서 캐나다에서 오랜 외유 끝에 잠시 대만으로 돌아오셔서 갑골문 강의를 하신다는 소식을 대만대학의 친구로부터 들었다. 그때 대만대학으로 가서 선생님의 강의를 방청한 것이 처음으로 뵌 인연이다.

처음에 놀란 것은 학문에 대한 선생님의 성실함과 과학적 접근과 분석이었다. 우리에게 강의를 해 주시면서 당시에 나온 갑골문 등에 관한 학술 논문들을 한 편 한 편 컴퓨터 파일로 정리하여 나누어 주셨다. 각 편의 논문마다 해당 논문의 기본 정보, 내용 요약, 문제점, 해결 방안, 참고문헌 등을 기록한 파일을 출력하신 것이었다. 그때만 해도 개인 컴퓨터가 막 보급되기 시작하였고, 다른 사람들은 필사하거나 자료를 잘라 붙인 카드나 노트 등으로 자료를 정리하고 연구하던 시절이라 도트 프린트로 인쇄된 선생님의 자료들은 신선한 충격이 아닐 수 없었다. 게다가 당시로서는 보기 어려웠던 서구의 자료들은 물론 대륙의 다양한 자료들까지 포함하고 있었다. 당시는 대륙의 자료들이 마치 우리들에게서 북한자료인 것처럼 열람이 제한되어 있었다. 이들 자료를 보려면 대만국가도서관의 중국학센터[漢學中心]나 국립정치대학 동아시아연구소에 가서 허락을 득한 후 복사도 불가한 상태에서 손으로 베껴 써야만 했던 때였다. 그랬으니 그 충격과 감격은 가히 헤아릴 수 있으리라.

선생님께서는 캐나다 온타리오 박물관에서 멘지스 소장 갑골문을 손수 정리하시면서 체득한 여러 노하우들도 알려주셨는데, 그 과정에서 발견한 갑골을 지지기 위해 홈을 파둔 찬과 조의 형태에 근거해 갑골문의 시대를 구분할 새로운 잣대의 발견을 이야기할 때는 다소 흥분까지 하신 듯 했다. 동작빈 선생께서 1933년 갑골문의 시기구분 기준으로 제시했던 10가지 표준에 하나를 더 보탤 수 있는 과학적 잣대이자 획기적인 성과였다. 그리고 상나라 때의 5가지 주요 제사에 대해서도 일가견을 갖고 계셨고, 새로운 연구 성과와 경향을 다양하게 소개해 주셨다. 게다가 갑골문 연구, 나아가 한자연구에서 가져야 할 참신한 시각도 많이 제공해 주셨다. 특히 한자를 문헌과의 연계 연구에서 벗어나, 고고학 자료들과의 연계, 나아가 인류학과 연계해야 한다는 말씀을 강조하셨다. 어쩌면 왕국유 선생께서 일찍이 제시했던 한자와 문헌과 출토문헌 자료를 함께 연구해야 하며 거기서 공통된 증거를 찾아야 한다는 '이중증거법'을 넘어서 인류학 자료까지 포함시킴으로써 '삼중증거법'을 주창하셨던 셈이다. 혜안이 아닐 수 없었다. 아마도 선생님께서 캐나다라는 구미 지역에서 오랜 세월 동안 연구하셨기 때문에 이러한 영역을 연계시키고 나아가 '중국인들의 사고'를 넘을 수 있었던 것이라 생각했다.

그 후로 선생님을 마음속에서만 흠모 했을 뿐, 제대로 찾아뵙지도 못하고, 제대로 가르침을 구하지도 못했다. 1989년 귀국하여 군복무를 마치고, 1991년 운 좋게 대학에 자리를 잡아 학생들을 가르치게 되었다. 중국학의 기초가 되는, 또 우리 문화의 기저에 자리하고 있는 한자를 좀 더 참신하게 강의하고자 노력하고 있을 때였다. 그때 정말 반가운 소식을 하나 접하게 되었다. 다름 아닌 선생님의 거작 『중국고대사회』가 동문선출판사에서 홍희 교수의 번역으로 출간된 것이었다. 영어로 된 교재 편집 본을 보고 감탄하며 활용하고 있었는데, 선생님의 학문 세계를 망라한 그 방대한 책이 우리말로 번역되어 한국 독자들에게 소개된 것이다. "문자와 인류학의 투시"라는 부제가 붙어 있듯 이 책은 각종 고고학과 인류학적 자료와 연구 성과들을 한자와 접목하여 그 어원을 파헤치고 변화 과정을 설명한 책이다.

너무나 기뻐 내 자신이 몇 번이고 숙독을 했음은 물론 학생들의 교재로 사용하기도 했다. 지금 생각하면 그 두껍고 상당히 학술적이기까지 한 책을 통째로 익히게 했으니 학생들이 꽤나 고생하고 원망도 많았다. 하지만 당시에는 미국과 캐나다의 중문과에서도 여러분과 같은 또래의 학부학생들이 이 책으로 꼭 같이 공부하고 있다고 하면서 경쟁력을 가지려면 한자문화권에 사는 여러분들이 이 정도는 당연히 소화해야 하지 않겠냐며 독려했던 기억이 생생하다.

필자가 지금하고 있는 한자의 문화적 해석과 한자의 어원 연구는 사실 허진웅 선생님의 계발을 받은 바가 크다. 필자의 한자 연구를 '한자문화학'이라는 구체적 방향으로 가도록 해 준 책이 바로 이 책이기 때문이다. 그러다 1994년 숙명여대 양동숙 교수님의 주관으로 한국에서 전무후무한 성대한 갑골학 국제학술대회가 열렸다. 중국 대륙의 구석규, 왕우신 선생님을 비롯해 허진웅 선생님까지 오신 것이다. 저도 어린 나이었지만 초대되어 부족하지만 「갑골문에 나타난 인간중심주의」라는 논문을 발표하여 좋은 평가를 받았으며, 그 이후로 한자문화학이라는 이 방향이 지속 가능한 연구임을 확인하게 되었다.

그 이후로는 선생님을 직접 뵐 기회가 없었다. 중국이 개방되면서 주로 대륙을 드나들면서 상해의 화동사범대학 등과 공동 연구를 주로 하면서 대만을 갈 기회가 없었기 때문이다. 그래도 선생님의 책은 꾸준히 사 모았다. 그리고 블로그 등을 통해서도 선생님의 활발한 학술활동과 연구경향 등을 확인할 수 있었다. 컴퓨터를 여전히 잘 운용하시는 선생님의 모습이 그려졌다.

그러다 2019년 5월 대만문자학회의 초청으로 학술대회에 참여했다가 서점에서 선생님의 『유래를 품은 한자』 7권을 접하게 되었다. 그간의 선생님의 관점과 연구 성과를 담은 결과물을 보다 쉽게, 보다 통속적으로 기술한 책이었다. 나이 여든이 된 세계적 대학자께서 그 연세에 청소년들을 위해 큰마음을 잡수시고 이 방대한 책을 펴냈을 것임을 직감했다. 날이 갈수록 한자를 학문적 근거 없이 편한 대로 이해하는 세태, 그 속에 담긴 문화적 속성에 대한 이해 없이 단순한 부호로만 생각하는 한자, 그리고 줄어만 가는 중국 전통문화의 연구 등등, 이러한 풍조를 바로 잡고 후학들에게 관심을 가지게 하려면 어린 청소년부터 시작하는 게 옳다고 생각하셨을 것이다. 그래서 보통 대학자들이 잘 하지 않는 통속적 저술 쓰기를 손수 실천하셨던 것이다. 사실 전문적 학술 글쓰기보다 훨씬 어려운 것이 대중적 통속적 글쓰기이다. 고희를 넘어서 산수(傘壽)에 이르신 연세에 노구를 이끌고 이런 작업을 하신 선생님의 고귀한 열정을 우리 모두 깊이 새겨야 할 것이다.

대만 학회를 마치고 오는 길에 이 책을 번역하여 한국 독자들에게 소개해야겠다는 결심을 했다. 그것이 선생님께 진 학문적 빚을 조금이라도 갚고 선생님의 지도에도 감사하는 한 방식이라 생각했기 때문이다. 돌아오자마자 해당 출판사에 번역 제의를 했고 선생님께도 이 사실을 보고해 도움을 달라고 부탁드렸다. 출판사도 선생님께서도 모두 흔쾌히 허락해 주셨다. 다만 『유래를 품은 한자』 7권과 곧이어 나올 『갑골문 고급 자전』까지 총 8권의 방대한 저작을 한꺼번에 제대로 번역할 수 있을까 하는 걱정도 갖고 계셨다. 그러나 저는 개인이 아니라 한국한자연구소의 여러 선생님과 함께 하는 팀이 있다고 말씀드렸고, 저의 책임 하에 잘 번역하겠다고 약속드렸다. 물론 연구소의 인원 모두가 참여한 것은 아니지만 중국학 전공으로 자발적으로 참여하신 선생님들을 위주로 번역 팀이 꾸려졌다.

그리고 2020년 1월 초, 한자의 시원이라 할 갑골문 발견 120주년을 기념하는 국제학술대회와 한중갑골문서예전을 우리 연구소에서 개최하기로 되어, 이 자리에 선생님을 모셨다. 고령이기도 하시거니와 외부 활동을 잘하지 않으시는 선생님이었지만, 초청에 흔쾌히 응해 주셨다. 한국은 숙명여대 학술대회 이후 약 25년 만에 이루어진 방문이셨다. 아마도 우리 연구소와 번역 팀이 어떤지를 확인해 보고 싶기도 했을 것이라 생각한다. 이번 학회에서도 선생님께서는 유가의 3년 상의 전통이 우리가 상상하는 것보다 훨씬 이전인 상나라 때부터 존재했다는 가설을 갑골문과 관련 고고자료들을 통해 논증해주셨다. 언제나 어떤 학회를 가시더라도 항상 참신한 주제에 새로운 성과를 발표해 주시는 선생님의 학문적 태도에 다시 한 번 감동하지 않을 수 없었다.

우리 한국한자연구소는 한국한자의 정리와 세계적 네트워크와 협력 연구를 위해 2008년 출범한, 아직 나이가 '어린' 연구소이다. 그러나 한자가 동양문화의 기저이며, 인류가 만든 중요한 발명품의 하나이자 계승 발전시켜야 할 유산이라는 이념을 견지하며 여러 가지 다양한 활동을 하고 있으며, 세계한자학회의 사무국도 유치했다. 마침 2018년 한국연구재단의 인문한국플러스(HK+)사업에 선정되어 한국, 중국, 일본, 베트남 4개국의 한자 어휘 비교를 통한 "동아시아한자문명연구"를 진행하고 있다. 2025년까지 이 연구는 지속될 것이다. 한자는 동아시아 문명의 근원이고, 한자 어휘는 그 출발이 개별 한자이다. 한 글자 한 글자 모두가 중요한 개념을 글자 속에 담고 있고 수 천 년 동안 누적된 그 변화의 흔적들을 새겨 놓은 것이 한자라는 문자체계이다. 그래서 한자에 대한 근원적이고 철저한 이해는 이 모든 것을 출발점이자 성공을 담보하는 열쇠라 생각한다.

그런 의미에서 이 『유래를 품은 한자』는 우리 사업과도 잘 맞는 책이며, 통속적이고 대중적이지만 결코 가볍지도 않은 책이다. 허진웅 선생님의 평생에 걸친 연구 업적이 고스란히 녹아 있는 결정체이다. 특히 『갑골문 고급 자전』은 최신 출토 갑골문 자료를 망라함은 물론 평생 천착해 오신 갑골문과 한자어원 및 한자문화 해석에 대한 선생님의 집대성한 가장 최근의 저작이다. 이들 책에서 한자를 단순히 문자 부호가 아닌 문화적 부호로 보고 이를 문화학적 입장에서 해석하려는 노력이 특별히 돋보인다. 독자들에게 한자를 고고학과 인류학과 연결하여 보는 눈을 열어주고 한자에 담긴 새로운 세계를 인류의 역사와 함께 탐험하게 할 것이다. 그 어떤 저작보다 창의적이면서도 학술적이라 확신한다. 우리에게서도 점점 멀어져만 가는 한자, 이 책을 통해서 한자의 진면목과 숭고한 가치를 느끼고 한자와 가까워질 수 있을 것이라 믿는다. 그리고 한자에 담긴 무한한 지혜와 창의성을 체험하는 재미도 느끼게 해 줄 것이다.

다소 장황한 '후기'가 되었지만, 허진웅 선생님과의 인연과 필자가 한자 문화학의 길로 들어서게 된 연유, 그리고 그 과정에서 선생님께 입은 은혜에 대해 감사 표시라 이해해 주시기 바란다. 아울러 이 방대한 책을 빠른 시간 내에 번역할 수 있도록 참여해 주신 김화영, 양영매, 이지영, 곽현숙 교수님께도 감사드리며, 여러 번거로운 일을 마다않고 도와준 김소연 디자이너, 이예지, 최우주, 김태균, 박승현, 정소영 동학에게도 고마움을 표한다.

2020년 12월 20일
역자를 대표하여 하영삼 씁니다.

출현한자 찾아보기

저자/역자 소개

허진웅(許進雄)

1941년 대만 고웅 출생, 국립대만대학 중문과 졸업 후 1968년 캐나다 토론토의 로열 온타리오박물관 초청으로 멘지스 소장 갑골문을 정리, 갑골문 시기 구분 표준을 제시하는 등 갑골문 연구의 세계적 권위가가 됨. 1974년 토론토대학 동아시아학 박사학위 취득, 동아시아학과 교수 부임. 1996년 대만으로 귀국, 국립대만대학 중문과 특임교수로 재직, 2006년 퇴임 후 현재 세신대학 중문과 교수로 재직.
주요 저서에 『중국고대사회』, 『실용 중국문자학』, 『허진웅 고문자학 논문집』, 『문자학 강의』, 『갑골복사의 5가지 제사 연구』, 『갑골의 찬조 형태 연구』 등이 있다.

이지영(李智瑛)

연세대학교 중어중문학과를 졸업하고, 동 대학원에서 석·박사 학위를 받았다. 제4회 서울대학교 인문대학 박완서기금 연구펠로우를 거쳐, 현재 경성대학교 한국한자연구소 HK연구교수로 재직 중이며, 한국중어중문학회 운영이사, 한국중국언어학회 편집이사 등으로 활동하고 있다.
주요 연구 분야는 중국어 음운학, 역사 언어학, 불전(佛典) 언어학 등으로, 중국어의 음운 변화와 한자를 매개로 한 음역(音譯)을 주로 연구한다.
저서로는 『한문불전(漢文佛典)의 언어학적 연구』(공편)가 있으며, 주요 논문으로는 『『가홍음의(可洪音義)』의 음운체계 연구」, 『『서유이목자(西儒耳目資)』의 음운체계 연구」, 「속음(俗音)의 형성 원인에 대한 초탐」, 「실전(失傳)된 곽이(郭迻) 『신정일체경유음(新定一切經類音)』의 복원 연구」, 「후한 시기 /ṛ/의 범한(梵漢) 대역에 관하여」 등이 있다.